普通高等教育“十二五”规划教材　计算机系列
中国科学院教材建设专家委员会“十二五”规划教材

C 语言程序设计习题与上机指导

高　巍　王淮中　张　颜　主编

科　学　出　版　社
北　京

内 容 简 介

本书共分两部分，其中第 1 部分在重点介绍 C 语言的知识要点之后，精心设计了大量的习题，涉及每个知识点的方方面面；第 2 部分是上机实验指导，每个实验内容适当，从验证程序到独立设计程序浑然一体，有效地帮助读者掌握各个知识点，并且逐步熟练调试程序的方法和步骤，初步理解程序设计的思想。如无特殊说明，本书程序均已在 Microsoft Visual C++ 6.0 下调试通过。

本书既可作为普通高等院校各专业 C 语言程序设计课程的辅助教材及相关领域的培训教材，供初学者使用，又可作为各类 C 语言考试的辅导资料。

图书在版编目（CIP）数据

C 语言程序设计习题与上机指导/高巍，王淮中，张颜主编. —北京：科学出版社，2014

（普通高等教育“十二五”规划教材·计算机系列·中国科学院教材建设专家委员会“十二五”规划教材）

ISBN 978-7-03-039643-3

Ⅰ. ①C… Ⅱ. ①高… ②王… ③张… Ⅲ. ①C 语言-程序设计-高等学校-教学参考资料 Ⅳ. ①TP312

中国版本图书馆 CIP 数据核字（2014）第 016305 号

责任编辑：宋 丽 刘文军 苑文环 / 责任校对：王万红

责任印制：吕春珉 / 封面设计：东方人华平面设计部

科学出版社 出版

北京东黄城根北街 16 号

邮政编码：100717

http://www.sciencep.com

铭浩彩色印装有限公司印刷

科学出版社发行 各地新华书店经销

*

2014 年 1 月第 一 版 开本：787×1092 1/16

2020 年 1 月第六次印刷 印张：19 1/4

字数：456 000

定价：42.00 元

（如有印装质量问题，我社负责调换〈铭浩〉）

销售部电话 010-62134988 编辑部电话 010-62135741（VF07）

本书编写人员

主　编　高　巍　王淮中　张　颜

副主编　姜　楠　张丽秋　张立忠

前　言

C 语言是目前世界上使用最广泛的高级程序设计语言之一。近年来，许多高校相继开设了“C 语言程序设计”课程。为了提高本课程的教学质量，改善客观上 C 语言难讲、难学、难以掌握的现状，我们编写了本书。

本书是《C 语言程序设计》（高巍等主编，科学出版社）教材的配套用书，共分为两部分：第 1 部分为教材各章节相应的练习题，在每部分练习题之前，都简要介绍了所涉及的知识点，并给出典型例题和细致的讲解；第 2 部分为上机实验指导，详细介绍了学习中应达到的具体目标，并结合具体实例对程序调试方法进行详细阐述，旨在为课堂教学过渡到独立编程提供更佳的模拟环境和知识。书中的大部分编程问题附有运行结果，用以验证编程的思路，体现程序的意图，而且由结果反观程序能更好地理解程序的功能，更有助于从细微处体会编程的技巧。如果能对这些习题细加揣摩，那么读者的编程能力定会有所提高。

程序设计是创造性劳动，需要编程人员的全身心投入和主观能动性的充分发挥。本书的程序都是编者精心选取和编写的，全部在Microsoft Visual C++ 6.0下调试通过。本书虽然是《C语言程序设计》教材的配套用书，但完全可以单独使用，有些程序还具有一定的实用性，相信读者会从中得到启发。

由于编者水平有限和时间仓促，书中难免存在不妥之处，敬请广大读者批评指正。

编　者

2013 年 11 月

目　录

第 1 部分　习题与解析

第 2 部分　实 验 指 导

第 1 部分 习题与解析

本部分分为 11 章，每章都包括相关知识点的简明概括、典型例题与分析及一定数量的习题。习题涉及 C 语言的语法、与编译器相关的特性、程序结构与算法等相关内容。

本书在 Microsoft Visual C++ 集成开发环境的基础上对 C 语言进行讨论与实践。如果读者习惯于使用其他的C语言环境，则应当适当关注编译环境的区别。另外，Microsoft Visual C++ 与 ANSI C 也是略有差别的。

初学者在学习编程时，应注意积累，对基础内容要理解透彻，学习过程应循序渐进，要有恒心和毅力。

第 1 章　C 语言概述

1.1　知识要点

1. C 语言的发展史

C 语言是一种计算机程序设计语言，由美国贝尔实验室于 1972 年推出。常用的编译软件有 Microsoft Visual C++、Borland C++、GCC（Linux 系统下常用的编译器）等。

2. C 语言的特点及程序结构

- C 语言具有一般高级语言的结构化特性，可实现位运算。
- C 语言程序由一个或多个函数组成。
- 在 C 程序中，至少包含一个 main 函数。
- main 函数可以位于程序的任何位置。
- C 语言程序的起止点都是 main 函数。
- C 语言函数由函数首部和函数体构成。

3. C 语言程序的开发步骤

1）编辑源程序：使用一个文本编辑器编辑 C 语言源程序。

2）编译程序：利用一个 C 语言编译系统对 C 语言源程序进行语法检查和翻译，生成同名的目标文件（.obj）。

3）连接程序：将目标文件和库函数等连接在一起形成一个可执行文件（.exe）。

4）运行可执行文件：运行已生成的可执行文件。

可以使用集成开发环境（如 Microsoft Visual C++ 6.0）编程。有关具体操作方法，读者可参考本书的实验部分。

1.2　典型例题与分析

【例题 1】C 语言是一种（　　）语言。

A. 机器　　　B. 汇编　　　C. 高级　　　D. 低级

【解析】选 C。机器语言是用二进制代码表示的计算机能直接识别和执行的一种机器指令的集合。它是计算机的设计者通过计算机的硬件结构赋予计算机的操作功能。机器语言具有灵活、可直接执行和速度快等特点。

汇编语言是面向机器的程序设计语言。在汇编语言中，用助记符代替机器指令的操作码，用地址符号或标号代替指令或操作数的地址，如此增强了程序的可读性并降低了编写难度。例如，“MOV AH,01”就是一个汇编语言代码。

高级语言是一种接近于人们使用习惯的程序设计语言。它允许用英文书写计算机程序，程序中所使用的运算符号和运算式，都和我们日常用的数学表达式差不多。

低级语言分为机器语言（二进制语言）和汇编语言（符号语言），这两种语言都是面向机器的语言，和具体机器的指令系统密切相关。机器语言用指令代码编写程序，而汇编语言用指令助记符来编写程序。

综合考虑，本题的最佳选项是 C。

【例题 2】下列说法正确的是（　　）。

A．C 语言程序总是从第一个函数开始执行

B．在 C 语言程序中，要调用的函数必须在 main 函数中定义

C．C 语言程序总是从 main 函数开始执行

D．C 语言程序中的 main 函数必须放在程序的开始部分

【解析】选 C。一个 C 语言程序是由一个或多个函数构成的，有且只有一个 main 函数。main 函数是整个程序的入口，即程序执行的起点。

【例题 3】在下列语句中，错误的是（　　）。

A．x=2+3;　　B．int a,b;　　C．b=3　　D．z=a+b;

【解析】选 C。C 语言程序由多个语句构成，每条语句代表一个独立的运行步骤，每条语句以分号“;”结束，分号是语句不可缺少的组成部分。因此选项 C 的表达是错误的。

1.3 习　　题

一、选择题

1．（　　）是构成 C 语言程序的基本单位。

A．过程　　B．子程序　　C．函数　　D．子函数

2．下列关于 main 函数的叙述正确的是（　　）。

A．C 语言中的 main 函数必须位于程序的最前面

B．main 函数通过函数调用语句与其他函数发生联系

C．C 程序中的 main 函数一定是无参函数

D．C 程序的 main 函数可以有多个

3．在 C 语言中，函数体要用（　　）包围起来。

A．方括号　　B．圆括号　　C．花括号　　D．尖括号

4．下列叙述不正确的是（　　）。

A．一个 C 语言程序可由一个或多个函数组成

B．一个 C 语言程序必须包含一个 main 函数

C．C 程序的基本组成单位是函数

D．在 C 程序中，注释说明只能位于一条语句的后面

5．C 语言规定，在一个源程序中，main 函数的位置（　　）。

A．必须在最开始　　B．必须在系统调用的库函数的后面

C．可以任意　　D．必须在最后

6．下列叙述正确的是（ ）。

A．C 程序由 main 函数组成 B．C 程序由 main 函数和过程组成

C．C 程序由函数组成 D．C 程序由函数和过程组成

7．一个 C 程序的执行是从（ ）。

A．本程序的 main 函数开始，到 main 函数中结束

B．本程序文件的第一个函数开始，到本程序文件的最后一个函数结束

C．本程序的 main 函数开始，到本程序文件的最后一个函数结束

D．本程序文件的第一个函数开始，到本程序 main 函数结束

8．通常情况下，一个 C 语言程序中（ ）。

A．必须有一个 main 函数 B．可以有多个 main 函数

C．必须有 main 函数和其他函数 D．可以没有 main 函数

9．下列叙述正确的是（ ）。

A．C 语言程序中，注释部分两侧的分界符分别为“/#”和“#/”

B．C 程序的每行只能写一条语句

C．C 语言可通过 scanf 和 printf 函数实现数据的输入和输出

D．在对一个 C 程序进行编译的过程中，可发现注释中的拼写错误

10．在下面程序中，不正确的是（ ）。

```
void  main()
{   int a,b,sum    ①
    a=12;          ②
    b=23;          ③
    c=a+b; }       ④
```

A．① B．② C．③ D．④

11．C 语言具有低级语言的能力，主要指的是（ ）。

A．程序的可移植性

B．具有控制流语句

C．能直接访问物理地址，可进行位操作

D．具有现代化语言的各种数据结构

12．在下列各项中，不是 C 语言特点的是（ ）。

A．语言简洁、紧凑，使用方便

B．数据类型丰富，可移植性好

C．能实现汇编语言的大部分功能

D．有较强的网络操作功能

二、编程题

1．试编写一个程序，在屏幕上输出以下信息：

```
*********************
      Very good!
*********************
```

2. 试编写一个程序，在屏幕上输出以下信息：

```
I am a student.
I love China.
```

3. 试编写一个程序，输入a、b、c整数值，输出其中的最大值。

1.4 习题参考答案

一、选择题

1. C	2. B	3. C	4. D	5. C	6. C
7. A	8. A	9. C	10. A	11. C	12. D

二、编程题

1. 参考程序：

```
#include"stdio.h"
void main()
{   printf("**********************\n");
    printf("     Very good!      \n");
    printf("**********************\n");
}
```

2. 参考程序：

```
#include "stdio.h"
void main()
{   printf("I am a student.\n I love China.\n");}
```

3. **提示：**先得到变量a和b中的最大值，再将这个最大值与变量c比较，从而得到最终结果。

参考程序：

```
#include "stdio.h"
Void main()
{
   int a,b,c,max;
   scanf("%d,%d,%d",&a,&b,&c);
   if(a>b)  max=a;
   else  max=b;          /*  执行到这条语句,可以使max得到a和 b中的最大值  */
   if(max<c)  max=c;     /*  执行到这条语句,可以使max得到a、b、c中的最大值  */
   printf("最大值是%d",max);
}
```

第2章 数据类型

2.1 知识要点

1. 数据类型的分类

数据类型的分类如图 1.2.1 所示。

- 数据类型
  - 基本类型
    - 整型
      - 有符号
        - 整型（int）
        - 短整型（short int）
        - 长整型（long int）
      - 无符号
        - 整型（unsigned int）
        - 短整型（unsigned short int）
        - 长整型（unsigned long int）
    - 字符型（char）
    - 枚举类型（enum）
    - 浮点型
      - 单精度型（float）
      - 双精度型（double）
      - 长双精度型（long double）
  - 指针类型
  - 空类型
  - 构造类型
    - 数组类型
    - 结构体类型（struct）
    - 共用体类型（union）

图 1.2.1　数据类型的分类

2. 常量和变量

C 语言中的数据分为常量和变量。在程序运行过程中，其值不能改变的量称为常量，其值可以改变的量称为变量。

整型常量即整常数，可用十进制整数（如 1543）、八进制整数（如 0421）和十六进制整数（如 0x3AF）3 种形式表示。

实型常量可用十进制数形式（如 3.123）和指数形式（如 2.4e2）两种形式表示。

字符常量由一对单引号括起来的单个字符（如'a'）表示。

字符串常量由一对双引号括起来的字符序列（如"hello"）表示。

字符常量和字符串常量不同的是，字符常量是一个字符，用单引号括起来。字符串常量由 0 个或若干个字符组合而成，用双引号将它们括起来，存储时自动在字符串的最后加一个字符串结束标志“\0”。

变量要遵循先定义后使用的原则。

3. 标准输入/输出函数

printf 函数是格式化输出函数，一般用于向标准输出设备（显示器）按规定格式输出信息。scanf 函数是格式化输入函数，用于从标准输入设备（键盘）读取输入的信息。

2.2 典型例题与分析

【例题 1】下列属于 C 语言提供的合法关键字是（　　）。

A．Int　　B．float　　C．VOID　　D．include

【解析】选 B。关键字是由系统预定义的语法符号。C 语言一共有 32 个关键字，所有关键字均为小写。

【例题 2】在下列标识符中，合法的用户标识符是（　　）。

A．sum　　B．char　　C．7_x　　D．b+a

【解析】选 A。标识符是用户按命名规则自行定义的词法符号。标识符命名规则：标识符由一个或多个字母、数字或下划线组成（因此 D 项错）；标识符的第一个字符必须是字母或下划线（因此 C 项错）；标识符不能和关键字相同（因此 B 项错）。

【例题 3】在下列常量中，不合法的常量是（　　）。

A．'\2'　　B．"#"　　C．'abc'　　D．"483"

【解析】选 C。注意字符常量和字符串常量的区别。字符常量是用单引号括起来的单个字符（因此 C 错）；字符串常量是一对双引号括起来的字符序列。A 项是一个正确的转义字符，B 项和 D 项是正确的字符串常量。

【例题 4】下列合法的转义字符是（　　）。

A．'\"'　　B．'\018'　　C．'\ee'　　D．'xab'

【解析】选 A。转义字符以“\”开头，可在“\”后跟随 1～3 位八进制数，一个八进制数应由 0～7 共 8 个基本数码组成（因此 B 项错）；也可在“\x”后跟随 1 或 2 位十六进制数（因此 C 项、D 项错）。A 项代表双引号字符（"）。

【例题 5】在下列变量定义语句中，正确的是（　　）。

A．float a,b,c;　　B．int a=b=c=5;

C．int x;y;　　D．int x,y,

【解析】选 A。C 语言规定“变量要先定义后使用”。在程序中用到的每一个变量都要先定义它的数据类型。A 项正确，a、b、c 变量均被定义为实型变量，变量之间用逗号分隔（因此 C 项错）。变量在定义的同时可以赋值，但 B 项的赋值语法形式不对，应改为 int a=5,b=5,c=5;，和其他语句一样，变量定义语句后应以分号结束（因此 D 项错）。

【例题 6】若 x，y 均定义为 int 型，z 定义为 double 型，下列不合法的 scanf 语句是（　　）。

A．scanf("%d,%lx,%lf",&x,&y,&z);　　B．scanf("%2d\n%d%lf",&x,&y,&z);

C．scanf("\t%x,%o",&x,&y);　　D．scanf("%x,%o,%6.2f",&x,&y,&z);

【解析】选 D。scanf 函数中的格式串用来描述输入项的数据类型和输入格式。

和 printf 函数一样，scanf 函数可在类型描述字符 d、o、x、u 前加上前缀 l，表示把待输入项按长整型数据输入。在 f 前面加上前缀 l 表示输入 double 型的数据（因此 A 项正确）。scanf 函数中允许出现空白符，如空格、制表符“\t”、换行符“\n”（因此 B 项和 C 项正确）。C 语言允许指定输入数据和输出数据所占列数，系统将自动截取所需数据，如

printf("%3d,%6.2f",&x,&y)，但是 scanf 函数中不允许出现%m.nf 格式（因此 D 项错误）。

【例题 7】对于下述语句，分别将 100 和 200 赋给变量 x 和 y，则应按（　　）方式输入数据。

```
int x,y;
scanf("%d,%d",&x,&y);
```

A．100,200　　　　B．100200

C．100 200　　　　D．100;100

【解析】选 A。使用 scanf 函数时，输入内容的格式必须与格式串中规定的格式相同。由于格式串“%d，%d”中含有一个逗号，则 scanf 函数在读入第一个整数存入 x 后需要读入一个逗号，只有得到逗号后才继续读入第二个整数并存入 y 中。若此时读入的不是逗号而是其他字符，如空格、分号、冒号等，则第二个整数不能被正确地读入 y 中。

【例题 8】设变量均已正确定义，若要通过 scanf("%d%c%d%c",&a1,&c1,&a2,&c2);语句为变量 a1 和 a2 分别赋值 10 和 30，为变量 c1 和 c2 赋字符 e 和 f，以下正确的输入方式是（　　）。

A．10　e　30　f　　　　B．10　e30　f

C．10　e
30　f　　　　D．10e
30f

【解析】选 D。本例中的格式控制字符串是"%d%c%d%c"，其中"%d"表示要输入整数，"%c"表示要输入字符，且各控制符之间无任何分隔符，故要求输入的数据之间也不能分开（若要求连续输入的数据都是数值数据，则必须以空格分隔每个数据，因为系统不知道如何去分隔这一系列数据）。而 A 项、B 项、C 项在 10 和 e 之间都加了空格，会使系统在输入时误将空格赋给 c1，从而导致后面的输入全部错位，故 D 项符合题意。

2.3 习　题

一、选择题

1．在 Microsoft Visual C++ 6.0 下，double 型数据占（　　）字节。

A．1　　B．2　　C．4　　D．8

2．在 Microsoft Visual C++ 6.0 下，char 型数据占（　　）字节。

A．1　　B．2　　C．4　　D．8

3．字符串“ABC”在内存中占有的字节数是（　　）。

A．3　　B．4　　C．6　　D．8

4．（　　）是 C 语言中提供的合法的数据类型关键字。

A．Float　　B．signed　　C．integer　　D．Char

5．在下列选项中，不属于 C 语言的数据类型是（　　）。

A．signed short int　　　　B．unsigned long int

C．unsigned int　　　　D．long short

6．在下列标识符中，合法的用户标识符是（　　）。

A．long　　B．_2test　　C．3Dmax　　D．a>dat

7．在下列标识符中，合法的用户标识符是（　　）。

A．xy_　　B．s*.1　　C．0_t　　D．k%

8．在下列标识符中，合法的用户标识符是（　　）。

A．Fast+Big　　B．void　　C．Pb1　　D．<book>

9．在下列标识符中，合法的用户标识符是（　　）。

A．int　　B．_a2　　C．8dx　　D．dat

10．在下列标识符中，不合法的用户标识符是（　　）。

A．abC.x　　B．file　　C．Main　　D．PRONTF

11．在下列字符序列中，不可作为C语言标识符的是（　　）。

A．b70　　B．#Ab　　C．_SYMBOL　　D．a_1

12．以下叙述错误的是（　　）。

A．用户所定义的标识符允许使用关键字

B．用户所定义的标识符尽量做到“见名知意”

C．用户所定义的标识符必须以字母或下划线开头

D．用户所定义的标识符中，大小写字母代表不同的标识

13．在下列数据中，正确的整型常量是（　　）。

A．160　　B．0x56g　　C．0678　　D．01a

14．在下列数据中，正确的浮点型常量是（　　）。

A．E2　　B．1.5e2.3　　C．5.0e　　D．3e–3

15．在下列数据中，错误的常量是（　　）。

A．5.　　B．0.123　　C．090　　D．0xf

16．在下列数据中，正确的实型常量是（　　）。

A．5e1.5　　B．0.618*12^2　　C．–e4　　D．3.1415

17．在下列形式的常数中，C程序不允许出现的是（　　）。

A．.45　　B．±123　　C．25.6e–2　　D．4e3

18．在下列数据中，不正确的int型常数是（　　）。

A．4.58e+002　　B．0xAF　　C．037　　D．0

19．在下列选项中，合法的常量是（　　）。

A．1.52e　　B．±12　　C．"x"　　D．"s" 'y'

20．在下列选项中，正确的字符常量是（　　）。

A．"a"　　B．'\\'　　C．'W'　　D．''

21．在下列选项中，正确的字符串常量是（　　）。

A．'A'　　B．"house"　　C．How do you do　　D．'$abc'

22．在下列选项中，不正确的字符串常量是（　　）。

A．'abc'　　B．"12'12"　　C．"0"　　D．" "

23．在C语言中，字符型数据在内存中以（　　）形式存放。

A．原码　　B．BCD 码　　C．反码　　D．ASCII 码

24．在下列字符中，不正确的转义字符是（　　）。

A．\t　　B．\f　　C．\"　　D．\x56

25．在下列选项中，不正确的转义字符是（　　）。

A．'\\'　　B．'\"　　C．'074'　　D．'\0'

26．在下列语句中，正确的变量定义语句是（　　）。

A．char: a,b,c;　　B．char x;y;z;

C．int t;k;　　D．float w,m;

27．能把 x、y 定义成 float 类型变量，并赋同一初值 3.14 的是（　　）。

A．float x,y=3.14;　　B．float x,y=2*3.14;

C．float x=3.14,y=3.14;　　D．float x=y=3.14;

28．若有以下定义，则下列错误的是（　　）。

```
#define  E 2
int a;
double b=7.5;
char c='A'
```

A．a++　　B．b++　　C．c++　　D．e++

29．执行以下两个语句后，输出的结果是（　　）。

```
char c1=97,c2=98;
printf("%d,%c",c1,c2);
```

A．97,98　　B．97,b　　C．a,98　　D．a,b

30．以下程序的输出结果是（　　）。

```
#include "stdio.h"
void main()
{
   int a=1234;
   float b=123.456;
   double c=12345.54321;
   printf("%2d,%2.1f,%2.1f\n",a,b,c); }
```

A．无输出　　B．12, 123.5,12345.5

C．1234,123.5,12345.5　　D．1234,123.4,1234.5

31．以下程序的输出结果是（　　）。

```
#include "stdio.h"
void  main()
{   printf("%e",123.456);}
```

A．123.456　　B．123.4560

C．1.23456e2　　D．1.234560e+002

32. 若 x 为 float 型变量，则下列语句（　　）。

```
x=213.82631;
printf("%-4.2f\n",x);
```

A. 输出格式描述符的域宽不够，不能输出
B. 输出结果是 213.83
C. 输出结果是 213.82
D. 输出结果是-213.82

33. 设 int a=12,b=12345;, 则执行语句 printf("%4d, %4d",a,b)的输出结果是（　　）。(注：□表示空格，下同。)

A. □□12,123　　　　B. □□12,12345
C. □□12,1234　　　　D. □□12,123456

34. 对应于语句 scanf("x=%d y=%d z=%d",&x,&y,&z);，应从键盘上输入的内容是（　　）。

A. 10□20□30　　　　B. 10,20,30
C. x=10□y=20□z=30　　　　D. x=10,y=20,z=30

35. 以下程序段的输出结果是（　　）。

```
float x=-1023.012;
printf("\n%8.3f,",x);
printf("%10.3f",x);
```

A. 1023.012□-1023.012　　　　B. -1023.012, □-1023.012
C. 1023.012, □-1023.012　　　　D. -1023.012□-1023.012

36. 对于下述语句，分别将 56 和 78 赋给变量 y1 和 y2，则应按（　　）方式输入数据。

```
int y1,y2;
scanf("y1=%d,y2=%d",&y1,&y2);
```

A. y1=56y2=78　　　　B. 56,78
C. y1=56,y2=78　　　　D. 56□78

37. 对于下述语句，分别将 12 和 34 赋给变量 x1 和 x2，则应按（　　）方式输入数据。

```
int x1,x2;
scanf("%d%d",&x1,&x2);
```

A. 1234　　B. 12□34　　C. 12,34　　D. 12:34

38. 假设已定义变量：

```
int x;
float y;
```

则以下输入语句正确的是（　　）。

A. scanf("%f%f",&y,&x);　　　　B. scanf("%f%d",y,x);

C．scanf("%f,%d",&y,&x);　　D．scanf("%5.2f%2d",&y,&x);

39．有如下定义：

```
float x;
unsigned y;
```

则合法的输入语句是（　　）。

A．scanf("%5.2f%d",&x,&y);　　B．scanf("%f%3o",&x,&y);

C．scanf("%f%n",&x,&y);　　D．scanf("%f%f", &x,&y);

40．对于语句 scanf("%f□□%f,z=%f",&x,&y,&z);，其合法的输入形式是（　　）。

A．□14.7□2.0□15.3　　B．14.7,2.0,15

C．14.7□□2.0,15.3　　D．14.7□□□2.0,z=15

二、判断题

1. C 语言以函数为程序的基本单位，便于实现程序的模块化。（　　）
2. C 程序中可以不使用函数。（　　）
3. C 程序的执行总是从程序的第一句开始。（　　）
4. 字符常量和字符串常量一样，都是用双引号括起来的。（　　）
5. 字符常量存储时，自动在字符后加一个字符结束标志“\0”。（　　）

三、阅读程序

1．以下程序的输出结果是________。

```
#include "stdio.h"
void main()
{   char c1='a', c2='b', c3='c';
    printf("a%cb%c\tc%c\n",c1,c2,c3);}
```

2．以下程序的输出结果是________。

```
#include "stdio.h"
void main()
{   int x,y,z;
    x=24;
    y=024;
    z=0x24;
    printf("%d,%d,%d",x,y,z);}
```

3．以下程序的输出结果是________。

```
#include "stdio.h"
void main()
{   char c1,c2;
    c1='a';
```

```
c2='b';
c1=c1-32;
c2=c2-32;
printf("%c  %c",c1,c2);}
```

四、编程题

1. 求 a、b 两数的和。
2. 已知圆的半径，求圆的面积和周长。
3. 已知长方形的长和宽，求长方形的面积。
4. 编写程序，输入 3 个双精度型数据，求它们的平均值并保留此平均值小数点后一位数，输出结果。

2.4 习题参考答案

一、选择题

1. D	2. A	3. B	4. B	5. D	6. B	7. A	8. C
9. B	10. A	11. B	12. A	13. A	14. D	15. C	16. D
17. B	18. A	19. C	20. C	21. B	22. A	23. D	24. B
25. C	26. D	27. C	28. D	29. B	30. C	31. D	32. B
33. B	34. C	35. B	36. C	37. B	38. C	39. B	40. D

二、判断题

1. √　2. ×　3. ×　4. ×　5. ×

三、阅读程序

1. aabb　cc　　2. 24,20,36　　3. A　B

四、编程题

1. 参考程序：

```
#include "stdio.h"
void main()
{   int a,b,sum;
    scanf("%d %d",&a,&b);
    sum=a+b;
    printf("sum=%d\n",sum);
}
```

2. 参考程序：

```
#include "stdio.h"
#define PI   3.14159
void main()
{   double area,r,l;
    printf("请输入圆的半径:\n");
    scanf("%lf",&r);
    l=2*PI*r;
    area=PI*r*r;
    printf("圆的周长=%lf\n",l);
    printf("圆的面积=%lf\n",area);
}
```

3. 参考程序：

```
#include "stdio.h"
void main()
{   float a,b,s;
    scanf("%f,%f",&a,&b);
    s=a*b;
    printf("%f",s);
}
```

4. 参考程序：

```
#include "stdio.h"
void main()
{   double a,b,c,aver;
    scanf("%lf,%lf,%lf",&a,&b,&c);
    aver=(a+b+c)/3;
    printf("%.1f",aver);
}
```

第 3 章　运算符和表达式

3.1 知 识 要 点

C 语言的运算符非常丰富，表示内涵和范围广泛，掌握和灵活应用 C 语言的运算符关键要注意以下几点：

1）运算符的运算含义和运算规则；

2）运算符的优先级和结合性；

3）运算符对运算对象类型的要求和限制。这涉及运算对象类型的自动转换和强制类型转换的概念。C 语言运算符的优先级和结合性如表 1.3.1 所示。

表 1.3.1　运算符的优先级与结合性

<table>
<tr><th>优 先 级</th><th>运 算 符</th><th>结 合 性</th></tr>
<tr><td>1</td><td>()、[ ]、->、.（结构体成员运算符）</td><td>从左向右</td></tr>
<tr><td>2</td><td>!、~、++、--、-（类型转换）、*（指针）、&（取地址）、sizeof</td><td>从右向左</td></tr>
<tr><td>3</td><td>*（乘法）、/、%</td><td>从左向右</td></tr>
<tr><td>4</td><td>+、-</td><td>从左向右</td></tr>
<tr><td>5</td><td><<（左移）、>>（右移）</td><td>从左向右</td></tr>
<tr><td>6</td><td><、<=、>、>=（关系运算符）</td><td>从左向右</td></tr>
<tr><td>7</td><td>==、!=</td><td>从左向右</td></tr>
<tr><td>8</td><td>&（按位与）</td><td>从左向右</td></tr>
<tr><td>9</td><td>^（按位异或）</td><td>从左向右</td></tr>
<tr><td>10</td><td>|（按位或）</td><td>从左向右</td></tr>
<tr><td>11</td><td>&&（逻辑与）</td><td>从左向右</td></tr>
<tr><td>12</td><td>||（逻辑或）</td><td>从左向右</td></tr>
<tr><td>13</td><td>?:（条件运算符）</td><td>从右向左</td></tr>
<tr><td>14</td><td>=、+=、-=、*=、/=、%=、>>=、<<=、&=、^=、|=（赋值运算符）</td><td>从右向左</td></tr>
<tr><td>15</td><td>,（逗号运算符）</td><td>从左向右</td></tr>
</table>

运算符和操作符构成了表达式。一个表达式中可以包含多种不同的运算符，称为复合表达式。计算复合表达式时，需要充分考虑不同运算符的优先级和结合性。如果两部分的优先级相同，则要根据结合性来运算。

3.2　典型例题与分析

【例题 1】以下程序的输出结果是（　　）。

```
#include<stdio.h>
void main()
{   int x=1,y,z;
    y=++x;
    z=x++;
    printf("%d,%d,%d",x,y,z);
}
```

A．3,2,2　　B．3,2,3　　C．2,2,2　　D．2,2,1

【解析】选 A。++运算符出现在变量 x 前，表示先将变量 x 值增加 1 后，再引用它的值；++运算符出现在变量 x 后，表示先引用变量 x 值后，变量 x 再自增 1。在本例中，y=++x 表示将 x 值赋给 y 之前，先将 x 值增加 1，然后赋值给 y，所以 y 的值为 2，此时 x 的值也为 2。然后计算 z=x++，这时先将 x 值赋给 z，即 z=2，然后 x 自增 1 为 3，所以程序的输出结果为 x=3,y=2,z=2。

【例题 2】以下程序的输出结果是（　　）。

```
#include<stdio.h>
void main()
{
   int a=9;
   a+=a-=a+a;
   printf("%d",a);
}
```

A．18　　B．9　　C．−18　　D．−9

【解析】选 C。a+=a−=a+a 要从右向左依次计算。首先计算最右侧的 a+a=18，注意此时并未改变 a 的值；再计算 a−=18（等价于 a=a−18），由于 a 原来的值为 9，因此执行这步后 a=−9；最后计算 a+=−9，因为上步 a 值为−9，所以此步等价于 a=(−9)+(−9)，所以 a 的最终值为−18。

【例题 3】经过下述赋值后，变量 x 的数据类型是（　　）。

```
float x=21.0;
int y;
y=(int)x;
```

A．int　　B．float　　C．double　　D．char

【解析】选 B。本例将 float 型变量 x 强制转换成 int 型后赋值给 y。需要注意的是，强制类型转换不会影响被强制转换的变量原有的数据类型，所以 x 尽管被强制转换为 int 型，但 x 本身仍然是 float 型数据。

【例题 4】若 t 为 double 型，则表达式 t=1, t+5, t++的值是（　　）。

A．1　　B．6.0　　C．2.0　　D．1.0

【解析】选 D。从形式上可以看出这是一个逗号表达式。对于逗号表达式的求值，首先应明确两点：①逗号表达式的运算按从左到右的顺序逐项进行；②逗号表达式的值取自运算完成后最右一项表达式的值。

本例中的逗号表达式共有 3 项，首先执行 t=1，把 1.0 赋给变量 t；然后执行 t+5，该表达式值为 6.0，但 t 的值未变，仍为 1.0；最后执行 t++，t 的值就是 t++的值，变量 t 的值增加 1。因此表达式 t++的值为 1.0，并作为整个逗号表达式的值，最终 t 的值增 1 变为 2.0。

【例题 5】若变量已正确定义并赋值，下面符合 C 语言语法的表达式是（　　）。

A．a=a+7;　　B．a=7+b+c, a++

C．int 12.3%4　　D．a=a+7=c+b

【解析】选 B。C 语言中的表达式种类较多，本章涉及的有算术表达式、强制类型转换表达式、赋值表达式及逗号表达式等。本例中的 A 项末尾有一个分号，从而构成了赋值语句而不是表达式。C 项中使用了类型说明符 int，若作为强制类型转换表达式，int 两侧必须带有圆括号，这里没有括号是不合法的。D 项从形式上看似乎是一个赋值表达式，因为 C 语言中允许诸如 a=b=2 此类的赋值表达式。但 C 语言中也明确规定，赋值运算符（=）左侧只能是变量，不允许是常量和算术表达式。D 项中的 a+7=c+b 在赋值号左侧出现了算术表达式，因此是不合法的。B 项是由两个表达式构成的逗号表达式，再分别看两个表达式：第一个表达式是赋值表达式，第二个表达式是由自加运算符构成的表达式，语法上没有错误。综上，本例的正确答案是 B。

3.3 习　　题

一、选择题

1．在 C 语言中，要求参加运算的数必须是整数的运算符是（　　）。

A．/　　B．!　　C．%　　D．==

2．在下列关系运算符中，优先级最低的运算符是（　　）。

A．>=和<=　　B．>和<　　C．==和!=　　D．<=和<

3．在 C 语言中，逻辑值“真”用（　　）表示。

A．True　　B．大于 0 的数　　C．非 0 整数　　D．非 0 数

4．在下列逻辑运算符中，运算优先级从高到低依次为（　　）。

A．&&、!、||　　B．||、&&、!　　C．&&、||、!　　D．!、&&、||

5．在下列运算符中，不属于关系运算符的是（　　）。

A．<　　B．>=　　C．==　　D．!

6．在下列运算符中，优先级最高的是（　　）。

A．<　　B．+　　C．&&　　D．!=

7．在下列运算符中，优先级最高的是（　　）。

A．++　　B．%　　C．*　　D．=

8．在下列运算符中，优先级最低的是（　　）。

A．+　　B．&&　　C．<=　　D．sizeof

9．在下列运算符中，优先级最高的是（　　）。

A．<=　　B．=　　C．%　　D．||

10．在下列运算符中，优先级最低的运算符是（　　）。

A．&&　　B．&　　C．||　　D．=

11．与代数式$\sqrt{\frac{xy}{uv}}$不等价的C语言表达式是（　　）。

A．sqrt(x*y/u*v)　　B．sqrt(x*y/u/v)

C．sqrt(x*y/(u*v))　　D．sqrt(x/(u*v)*y)

12．若有代数式$3\frac{ab}{cd}$，则正确的C语言表达式是（　　）。

A．3*ab/cd　　B．3a/cd*b　　C．3*a*b/d*c　　D．a*b/c/d*3

13．以下程序的输出结果是（　　）。

```
#include "stdio.h"
void main()
{   int a=7,b=5;
    printf("%d",b=b/a);}
```

A．0　　B．5　　C．1　　D．不确定值

14．若有定义 int a=15, b=7,c;，执行语句 c=a/b+0.8;，则 c 的值为（　　）。

A．2.8　　B．12.8　　C．2　　D．2.9

15．已知 int y, x=−3;，执行语句 y=x%2;后，变量 y 的结果是（　　）。

A．1　　B．−1　　C．0　　D．语法本身有错误

16．若变量 a 为 int 型，并执行了语句 a='A'+2.8;，则以下叙述正确的是（　　）。

A．a 的值是浮点型　　B．a 的值是 67.8

C．不允许字符型和浮点型相加　　D．a 的值是字符'A'的 ASCII 值加上 2

17．设 x 和 y 均为 int 型变量，则语句 x+=y;y=x−y;x−=y;的功能是（　　）。

A．把 x 和 y 按从大到小排序　　B．把 x 和 y 按从小到大排序

C．无确定结果　　D．交换 x 和 y 中的值

18．为表示关系 x≥y≥z，正确的 C 语言表达式是（　　）。

A．(x>=y)&&(y>=z)　　B．(x>=y)and(y>=z)

C．(x>=y>=z)　　D．(x>=y)&(y>=z)

19．表达式!x||a==b 等价于（　　）。

A．!((x||a)==b)　　B．!(x||y)==b　　C．!(x||(a==b))　　D．(!x)||(a==b)

20．判断 char 型变量 ch 是否为大写字母的正确表达式是（　　）。

A．'A'<=ch<= 'Z'　　B．(ch>='A')&(ch<='Z')

C．(ch>='A')&&(ch<='Z')　　D．('A'<=ch)AND('Z'>=ch)

21．已知 a 为 int 型变量，不能正确表达数学关系 10<x<15 的 C 语言表达式是（　　）。

A．10<x<15　　B．x==11||x==12||x==13||x==14

C．x>10&&x<15　　D．!(x<=10)&&!(a>=15)

22．已知 year 为 int 型变量，不能使(year%4==0&&year%100!=0)||year%400==0 表达式的值为“真”的数据是（　　）。

A．1990　　B．1992　　C．1996　　D．2000

23．执行 x=5>1+2&&2||2*4<4-!0 后，x 的值是（　　）。

A．-1　　B．0　　C．1　　D．5

24．已知 char c='A'; int i=1,j;，执行语句 j=!c&&i+1;后，i 和 j 的值分别是（　　）。

A．1，1　　B．1，0　　C．2，1　　D．2，0

25．能满足当 x 为偶数时值为“真”，为奇数时值为“假”的表达式是（　　）。

A．x%2==0　　B．!x%2!=0　　C．x/2==0　　D．x%2

26．已知 m、n、a、b、c、d 均为 0，则运行语句(m=a==b)||(n=c==d)后，m 和 n 的值是（　　）。

A．0，0　　B．0，1　　C．1，0　　D．1，1

27．已知 a、b 和 c 都是 int 型变量，且 a=3,b=4,c=-1;则下面表达式中值为 0 的是（　　）。

A．'a'&&'b'　　B．a<=b==1

C．a||b+c&&b-4　　D．((a>b)&&!c++>1)

28．已知 x=43，ch='A'，y=0，则表达式 x>=y&&ch<'B'&&!y 的值是（　　）。

A．0　　B．语法错误　　C．1　　D．“假”

29．已知 a=2，b=3，c=4，则表达式 a+b>c&&b==c&&a||b+c&&b+c 的值是（　　）。

A．5　　B．8　　C．0　　D．1

30．已知 a、b 和 c 是 int 型变量，且 a=3，b=4，c=5，则下面的表达式中值为 0 的是（　　）。

A．'a'&&'b'　　B．a<=b　　C．a||b+c&&b-c　　D．!((a<b)&&!c||1)

31．当 c 值不为 0 时，在下列选项中能正确将 c 的值赋给变量 a，b 的是（　　）。

A．c=b=a;　　B．(a=c)||(b=c);

C．(a=c)&&(b=c);　　D．a=c=b;

32．以下程序段的输出结果是（　　）。

```
int a=2,b=3,c=4,d=5;
int m=2,n=2;
a=(m=a>b)&&(n=c>d)+5;
printf("%d",a);
```

A．0　　B．1　　C．2　　D．5

33．sizeof(float)是（　　）。

A．一种函数调用　　B．一个不合法的表示形式

C．一个整型表达式　　D．一个浮点表达式

34．已知 int j,i=1;，执行语句 j=-i++;后 i 的值是（　　）。

A．1　　B．2　　C．-1　　D．-2

35．设 int a=2, b=2;，则++a+b 的结果是（　　）。

A．2　　B．3　　C．4　　D．5

36．设有 int x=11，则表达式(x++*1/3)的值是（　　）。

A．3　　B．4　　C．11　　D．12

37．已知 int i,a;，执行语句 i=(a=2*3,a*5),a+6;后，变量 i 的值是（　　）。

A．6　　B．12　　C．30　　D．36

38．如果 a=1, b=2, c=4, d=3，则条件表达式 a>b?a:c>d?c:d 的值为（　　）。

A．1　　B．2　　C．3　　D．4

39．若 w、x、y、z、m 均为 int 型变量，则执行以下语句后 m 的值是（　　）。

```
w=1;x=2;y=3;z=4;
m=(w<x)?w:x;
m=(m<y)?m:y;
m=(m<z)?m:z;
```

A．1　　B．2　　C．3　　D．4

40．在下列语句中，能够输出整型变量 a、b 中最大值的是（　　）。

A．printf("%d\n",(a>b)?a,b);　　B．(a>b)?printf("%d",a):printf("%d",b);

C．printf("%d",if (a>b) a else b);　　D．printf("%d\n",(a>b)?a:b);

41．若变量已正确定义并赋值，以下不符合 C 语言语法的表达式是（　　）。

A．a=b+1　　B．a=b=c+2　　C．int 18.5%3　　D．c=a+b

42．若变量 a 和 i 已正确定义，且 i 已正确赋值，以下不合法的语句是（　　）。

A．i++;　　B．i+=7;　　C．a=a++=5;　　D．a=int(i);

43．以下程序的输出结果是（　　）。

```
#include "stdio.h"
void main()
{   int a,b,c=241;
    a=c/100%9;
    b=-1&&-1;
    printf("%d,%d",a,b);
}
```

A．2,0　　B．2,1　　C．6,1　　D．0,-1

44．设有语句 int a=3;，则执行了语句 a+=a-=a*a;后，变量 a 的值是（　　）。

A．3　　B．0　　C．9　　D．-12

45．以下程序的输出结果是（　　）。

```
#include "stdio.h"
```

```
void main()
{   int a=2;
    a%=4-1;
    printf("%d,",a);
    a+=a*=a-=a*=3;
    printf("%d",a);
}
```

A. 2,0　　B. 1,0　　C. −1,12　　D. 2,12

46. 已知 a=12，a 定义为 int 型变量，则表达式 a+=a-=a*=a 的值为（　　）。

A. 12　　B. 144　　C. 0　　D. 132

47. 以下程序段的输出结果是（　　）。

```
int x,y;
x=13;
y=5;
printf("%d",x%=(y/2));
```

A. 3　　B. 2　　C. 1　　D. 0

48. 执行以下程序中的输出语句后，a 的值是（　　）。

```
#include "stdio.h"
void main()
{   int a=5;
    printf("%d\n",(a=3*5,a*4,a+5));
}
```

A. 65　　B. 20　　C. 15　　D. 10

49. 设有定义：int a=1,b=1;，则 printf("%d,%d",(a++,--b),b-1);的输出结果是（　　）。

A. 1,−1　　B. 1,0　　C. 0,−1　　D. 0,0

50. 以下程序的输出结果是（　　）。

```
#include "stdio.h"
void main()
{   int m=7,n=4;
    float a=38.4,b=6.4,x;
    x=m/2+n*a/b+1/2;
    printf("%f\n",x);
}
```

A. 27.000000　　B. 27.500000　　C. 28.000000　　D. 28.500000

51. 以下程序段的输出结果是（　　）。

```
int x=10;
```

```
x+=3+x%(-3);
printf("%d",x);
```

A. 11　　B. 12　　C. 14　　D. 15

52．若k、g均为int型变量，则以下语句的输出结果是（　　）。

```
k=15;
g=111;
printf("%d  ",++k);
printf("%d\n",g++);
```

A. 15　111　　B. 16　112　　C. 15　112　　D. 16　111

53．以下程序的输出结果是（　　）。

```
#include "stdio.h"
void main()
{   int a=9,b=145;
    printf("%d,%d\n",++a,b++);
}
```

A. 9,146　　B. 10,146　　C. 10,145　　D. 9,145

54．以下程序的输出结果是（　　）。

```
#include "stdio.h"
void main()
{
    int x,y,z;
    x=y=1;
    z=x++,y++,++y;
    printf("%d,%d,%d\n",x,y,z);
}
```

A. 2,3,3　　B. 2,3,2　　C. 2,3,1　　D. 2,2,1

55. 若x、i、j和k都是int型变量，则计算表达式x=(i=4,j=16,k=32)后x的值是（　　）。

A. 4　　B. 16　　C. 32　　D. 52

56．若以下变量均是int型变量，且num= sum = 7; 则计算以下表达式sum=num++,sum++,++num后sum的值（　　）。

A. 7　　B. 8　　C. 9　　D. 10

57．已知x=3，y=2，则表达式x*=y+8的值是（　　）。

A. 3　　B. 2　　C. 30　　D. 10

58．执行以下语句后，a和b的值分别是（　　）。

```
int a,b;
a=1+(b=2+7%－4－'A');
```

说明：字符'A'的 ASCII 码值为 65。

A．-63, -64　　B．-59, -60　　C．1, -60　　D．79,78

59．假设所有变量均为 int 型变量，则表达式(a=2,b=5,b++,a+b)的值为（　　）。

A．7　　B．8　　C．6　　D．2

60．设以下变量均为 int 型，则值不等于 7 的表达式是（　　）。

A．(x=y=6,x+y,x+1)　　B．(x=y=6,x+y,y+1)

C．(x=6,x+1,y=6,x+y)　　D．(y=6,y+1,x=y,x+1)

61．以下语句的输出结果是（　　）。

```
i=3;
printf("%d,",++i);
printf("%d",i++);
```

A．3,3　　B．3,4　　C．4,3　　D．4,4

62．以下程序的输出结果是（　　）。

```
#include<stdio.h>
void main()
{   int a=011;
    printf("%d\n",++a);
}
```

A．2　　B．1　　C．10　　D．9

63．以下程序的输出结果是（　　）。

```
#include<stdio.h>
void main()
{   int x=023;
    printf("%d",--x);
}
```

A．17　　B．18　　C．23　　D．24

64．以下程序的输出结果是（　　）。

```
#include "stdio.h"
void main()
{   int a=-1,b=4,k;
    k=(a++<=0)&&(!(b--<=0));
    printf("%d,%d,%d",k,a,b);}
```

A．0,0,3　　B．0,1,2　　C．1,0,3　　D．1,1,2

65．下列不正确的叙述是（　　）。

A．在 C 程序中，逗号运算符的优先级最低

B．在 C 程序中，ABC 和 abc 是两个不同的变量

C．若 a 和 b 类型相同，在计算了赋值表达式 a=b 后 b 中的值将放入 a 中，而 b 中的值不变

D．当从键盘输入数据时，对于整型变量只能输入整型数值，对于实型变量只能输入实型数值

66．以下语句的输出结果是（　　）。

```
printf("%d\n",(int)(2.5+3.0)/3);
```

A．语法错误不能通过编译　　B．2

C．1　　D．0

67．先用以下语句定义字符型变量：

```
char c;
```

然后将字符 a 赋给变量 c，则下列语句中正确的是（　　）。

A．c='a';　　B．c="a";　　C．c="97";　　D．c='97';

68．变量已经正确定义，要将 a 和 b 中的两个数进行交换，不正确的赋值语句是（　　）。

A．a=a+b,b=a-b,a=a-b　　B．a=b;b=a;

C．t=a;a=b;b=t;　　D．t=b;b=a;a=t;

69．在下列选项中，不正确的赋值语句是（　　）。

A．i++;　　B．i+=7;　　C．x+y=5;　　D．y=(int)x+4;

70．在下列选项中，不正确的赋值语句是（　　）。

A．c=(a=1,b=2);　　B．k=i=j;　　C．a=a+b=5;　　D．n1=(n2=(n3=0));

二、判断题

1．已知 a=3，b=2，c=1，则表达式(a>b)==c 的值是 1。（　　）

2．表达式 3==4>2!=5<2 的值是 0。（　　）

3．已知 a=3，b=4，c=5，则表达式!(x=a)&&(y=b)&&0 的值为 0。（　　）

4．逻辑表达式!(5>3)&&(2<4)的值为 0。（　　）

5．关系表达式的值是一个逻辑值，即“真”和“假”。（　　）

6．C 语言的字符数据和整型数据可以相互赋值。（　　）

7．整型、实型、字符型数据可以混合运算。（　　）

8．已知 x 为 float 型变量，执行语句(int)x 后，x 为 int 型。（　　）

9．表达式 10.0/5.0 的值为 0。（　　）

10．表达式 x1=(b=4)+(c=6)的值为 6。（　　）

三、阅读程序

1．以下程序的输出结果是________。

```
#include "stdio.h"
```

```
void main()
{   int x,y;
    x=13;
    y=5;
    printf("%d",x%=(y/=2));}
```

2. 以下程序的输出结果是________。

```
#include "stdio.h"
void  main()
{   int a=7,b=4;
    float x, y=27.2, z=3.4;
    x=a/2+b*y/z+1/3;
    printf("%f",x);}
```

3. 以下程序的输出结果是________。

```
#include "stdio.h"
void main()
{   int x;
    x=-3+4*5-6;
    printf("%d\n",x);
    x=3+4%5-6;
    printf("%d\n",x);
    x=(7+6)%5/2;
    printf("%d\n",x);}
```

4. 以下程序的输出结果是________。

```
#include "stdio.h"
void main()
{   printf("%d,%d,%d,%d\n",1+2,5/2,-2*4,11%3);
    printf("%.5f,%.5f,%.5f\n",1.+2.,5.12,-2.*4.);}
```

5. 以下程序的输出结果是________。

```
#include "stdio.h"
void main()
{   int num,total,gz;
    gz=40;
    num=10;
    total=num*gz;
    printf("total=%d\n",total);}
```

6. 以下程序的输出结果是________。

```
#include "stdio.h"
```

```
void main()
{    int x=2,y=4,z=40;
     x*=3+2;
     printf("%d  ",x);
     x=y=z;
     printf("%d\n",x);}
```

7. 程序运行时输入 1,4,7，则以下程序的输出结果是________。

```
#include "stdio.h"
void main()
{    int a,b,c,d;
     scanf("%d,%d,%d",&a,&b,&c);
     d=c;
     c=b;
     b=a;
     a=d;
     printf("%d,%d,%d",a,b,c);}
```

8. 以下程序的输出结果是________。

```
#include "stdio.h"
void main()
{    int x,y,z;
     x=1;y=2;z=3;
     x=y--<=x||x+y!=z;
     printf("%d,%d",x,y);}
```

9. 以下程序的输出结果是________。

```
#include "stdio.h"
void main()
{    int x,y,z;
     x=1;y=1;z=0;
     x=x||y&&z;
     printf("%d,%d",x,x&&!y||z);}
```

10. 以下程序的输出结果是________。

```
#include "stdio.h"
void main()
{    int a=-10,b=-3;
     printf("%d,",-a%b);
     printf("%d,",(a-b,a+b));
     printf("%d\n",a-b?a-b:a+b);}
```

11．程序运行时输入-2，则以下程序的输出结果是________。

```
#include "stdio.h"
void main()
{    int a,b;
     scanf("%d",&a);
     b=(a>=0)?a:-a;
     printf("b=%d",b);}
```

12．已知字符'A'的 ASCII 码值是 65，则以下程序的输出结果是________。

```
#include "stdio.h"
void main()
{    char a=1;
     a=2,'A'+1;
     printf("%d",a);}
```

13．程序运行时输入字符'Q'，则以下程序的输出结果是________。

```
#include "stdio.h"
void main()
{    char ch;
     scanf("%c",&ch);
     ch=(ch>='A'&&ch<='Z')?(ch+32):ch;
     ch=(ch>='a'&&ch<='z')?(ch-32):ch;
     printf("%c",ch); }
```

14．以下程序的输出结果是________。

```
#include "stdio.h"
void main()
{    int x=1,y=1,z=1,t;
     y=y+z;
     x=x+y;
     z=x<y?y:x;
     t=z>=y&&y>=x;
     printf("%d,%d,%d,%d\n",x,y,z,t);
}
```

15．以下程序的输出结果是________。

```
#include "stdio.h"
void main()
{    int a=5,b=5,y,z;
     y=b-->++a?++b:a;
     z=++a>b?a:y;
```

```
    printf("%d,%d,%d,%d",a,b,y,z);
}
```

16．以下程序的输出结果是________。

```
#include "stdio.h"
void main()
{   int a=3,b=4;
    printf("%d,",a=a+1,b+a,b+1);
    printf("%d\n",(a=a+1,b+a,b+1));
}
```

17．以下程序的输出结果是________。

```
#include "stdio.h"
void main()
{   int n;
    (n=4*6,n+6),n*2;
    printf("n=%d\n",n);
}
```

18．以下程序的输出结果是________。

```
#include "stdio.h"
void main()
{   int  i,j,m,n;
    i= 8;
    j=10;
    m=++i;
    n=j++;
    printf("%d,%d,%d,%d",i,j,m,n );
}
```

19．以下程序的输出结果是________。

```
#include "stdio.h"
void main()
{   char c1='C',c2='h',c3='i',c4='n',c5='a';
    c1+=4;
    c2+=4;
    c3+=4;
    c4+=4;
    c5+=4;
    printf("%c%c%c%c%c\n",c1,c2,c3,c4,c5);
}
```

20．以下程序的输出结果是________。

```
#include "stdio.h"
void main()
{   int x=1,y,z;
    y=++x;
    z=x++;
    printf("%d,%d,%d",x,y,z);
}
```

21. 以下程序的输出结果是________。

```
#include "stdio.h"
void main()
{   int x=2,y,z;
    x*=3+2;
    printf("%d\n",x);
    x*=y=z=4;
    printf("%d\n",x);
    x=y=1;
    z=x++-1;
    printf("%d,%d\n",x,z);
}
```

22. 以下程序的输出结果是________。

```
#include "stdio.h"
void main()
{   int x,y,z;
    x=y=z=3;
    y=x++-1;
    printf("%d\t%d\t",x,y);
    y=++x-1;
    printf("%d\t%d\t",x,y);
    y=z--+1;
    printf("%d\t%d\t",z,y);
    y=--z+1;
    printf("%d\t%d\t",z,y);
}
```

23. 以下程序的输出结果是________。

```
#include "stdio.h"
void main()
{   int i,j;
    i=16; j=(i++)+i;
    printf("%d\n",j);
```

```
    i=15;
    printf("%d\t%d\n",++i,i);
    i=20;
    j=i--+i;
    printf("%d\n",j);
    i=13;
    printf("%d\t%d\n",i++,i);
}
```

24．以下程序的输出结果是________。

```
#include "stdio.h"
void main()
{   int i, j, k,a=3,b=2;
    i=(--a==b++)?--a:++b;
    j=a++;
    k=b;
    printf("i=%d,j=%d,k=%d\n",i,j,k);
}
```

25．以下程序的输出结果是________。

```
#include "stdio.h"
void main()
{   float x=3.6;
    int  i;
    i=(int)x;
    printf("x=%f,i=%d",x,i);
}
```

四、编程题

1．从键盘上输入两个整数，分别求这两个整数的和、差、积、商并输出。

2．编程实现求表达式 $y=4x^2+5x+7$ 的值，自变量 x 为整数，由键盘输入，经过计算后，输出 y 的值。

提示： *$4x^2$ 在程序中必须表示为 4*x*x。*

3．编程实现：交换两个变量 a 和 b 的值。

4．利用两个变量实现从键盘上输入两个整数，保存到变量 x 和 y 中，经过一定步骤，变量 x 的值为输入的两个整数之和，变量 y 的值为输入的两个整数之差。

5．编程求解：已知 2013 年 10 月 1 日是星期二，则 2013 年 10 月 31 日是星期几？

6．请用一个逻辑表达式判断一个年份 year 是否是平年。要求：如果表达式的值为 1，则 year 所表示的年份是平年；否则，year 所表示的年份不是平年（即闰年）。请至少采用两种不同的方法来表示。

7．请用一个逻辑表达式判断一个正整数 num 能否同时被 2、3、7 整除。要求：如果表达式的值为 1，则 num 能同时被 2、3、7 整除；否则，num 不能同时被 2、3、7 整除。

8．编写程序，计算下列数学式子的值（其中，x=0.2，a=2，c=3.5）。

（1）$\sqrt{(\sin(x\pi))^{2.5}}$；（2）$\frac{1}{2}(ax+\frac{a+x}{4a})$；（3）$\frac{c^{x^2}}{\sqrt{2\pi}}$。

9．已知圆柱体的底面积 r 为 2.7，高 h 为 3.5，求圆柱体的体积并输出，保留小数点后面两位有效数字。

10．编写程序判断一个数是否为偶数，若是偶数，则输出 Y；否则，输出 N（用条件表达式实现）。

11．编写程序，输入一个 3 位整数，反向输出该 3 位整数。

12．从键盘输入一个字符，再输出该字符自身和它的 ASCII 码值。

13．将华氏温度转换成摄氏温度，公式为 c=(5/9)(f−32)（温度值取两位小数）。

14．输入一个大写字母，将它改为小写输出。

15．编写程序，将 560 分钟换算成用小时和分钟表示，然后输出。

3.4 习题参考答案

一、选择题

1．C	2．C	3．D	4．D	5．D	6．B	7．A	8．B	9．C
10．D	11．A	12．D	13．A	14．C	15．B	16．D	17．D	18．A
19．D	20．C	21．A	22．A	23．C	24．B	25．A	26．C	27．D
28．C	29．D	30．D	31．C	32．A	33．C	34．B	35．D	36．A
37．C	38．D	39．A	40．D	41．C	42．C	43．B	44．D	45．A
46．C	47．C	48．C	49．D	50．A	51．C	52．D	53．C	54．C
55．C	56．B	57．C	58．B	59．B	60．C	61．D	62．C	63．B
64．C	65．D	66．C	67．A	68．B	69．C	70．C		

二、判断题

1．√ 2．√ 3．√ 4．√ 5．√ 6．√ 7．√ 8．× 9．× 10．×

三、阅读程序

1．1

2．35.000000

3．11
1
1

4. 3,2,-8,2
   3.00000,5.12000,-8.00000
5. total=400
6. 10 40
7. 7,1,4
8. 1,1
9. 1,0
10. 1,-13,-7
11. b=2
12. 2
13. Q
14. 3,2,3,0
15. 7,4,6,7
16. 4, 5
17. n=24
18. 9,11,9,10
19. Glmre
20. 3,2,2
21. 10
    40
    2,0
22. 4 2 5 4 2 4 1 2
23. 32
    16 15
    40
    13 13
24. i=1,j=1,k=3
25. x=3.600000, i=3

四、编程题

1. 参考程序：

```
#include "stdio.h"
void main()
{   int a,b;
    int sum,sub,prod,quot;
    scanf("%d,%d",&a,&b);
    sum=a+b;
    sub=a-b;
    prod=a*b;
```

```
    quot=a/b;
    printf("a+b=%d\n",sum);
    printf("a-b=%d\n",sub);
    printf("a*b=%d\n",prod);
    printf("a/b=%d\n",quot);    }
```

2. 参考程序：

```
#include "stdio.h"
void main()
{   int x,y;
    scanf("%d",&x);
    y=4*x*x+5*x+7;
    printf("y=%d\n",y);    }
```

3. 参考程序：

```
#include "stdio.h"
void main()
{   int a,b;
    int t;
    scanf("a=%d,b=%d",&a,&b);
    t=a;
    a=b;
    b=t;
    printf("a=%d,b=%d\n",a,b);    }
```

4. 参考程序：

```
#include "stdio.h"
void  main()
{   int x,y,t;
    scanf("x=%d,y=%d",&x,&y);
    t=x;
    x=x+y;
    y=2*t-x;
    printf("%d,%d\n",x,y);    }
```

5. 参考程序：

```
#include "stdio.h"
void main()
{   int weekday1=2;
    int weekday31;
    weekday31=((31-1)+weekday1-1)%7+1;
    printf("2013年10月31日是星期%d\n",weekday31);    }
```

6. 参考程序：

```
#include "stdio.h"
void main()
{   int year;
    scanf("%d",&year);
    printf("%d\n",!((year%4==0&&year%100!=0)||year%400==0));
    printf("%d\n",year%4!=0||year%100==0&&year%400!=0);  }
```

7. 参考程序：

```
#include "stdio.h"
void main()
{   int num;
    scanf("%d",&num);
    printf("%d\n",(num%2==0&&num%3==0&&num%7==0));  }
```

8. 参考程序：

```
#include "stdio.h"
#include "math.h"
void main()
{   double pi=2*asin(1);
    double x=0.2,a=2,c=3.5;
    printf("%lf\n",pow(sin(x*pi),2.5/2));
    printf("%lf\n",0.5*(a*x+(a+x)/(4*a)));
    printf("%lf\n",pow(c,x*x)/sqrt(2*pi));  }
```

9. 参考程序：

```
#include "stdio.h"
#include "math.h"
void main()
{   double pi=2*asin(1);
    double r=2.7,h=3.5,v;
    v=pi*r*r*h;
    printf("%.2lf\n",v);}
```

10. 参考程序：

```
#include "stdio.h"
void main()
{   int a;
    scanf("%d",&a);
    printf("%c",a%2==0?'Y':'N');  }
```

11. 参考程序：

```
#include "stdio.h"
```

```
void main()
{    int g,s,b,value;
     scanf("%d",&value);
     b=value/100;
     s=value/10%10;
     g=value%10;
     printf("%d,%d,%d",g,s,b);    }
```

12. 参考程序:

```
#include "stdio.h"
void main()
{    char c1;
     scanf("%c",&c1);
     printf("%c %d\n",c1,c1);   }
```

13. 参考程序:

```
#include "stdio.h"
void main()
{    float  c,f;
     printf("请输入华氏温度:");
     scanf("%f",&f);
     c=5.0/9.0*(f-32);
     printf("摄氏温度为%6.2f\n",c);    }
```

14. 参考程序:

```
#include "stdio.h"
void main()
{    char ch;
     printf("请输入一个大写字母:");
     ch=getchar();
     ch=ch+32;
     putchar(ch);    }
```

15. 参考程序:

```
#include "stdio.h"
void main()
{    int min=560,hour;
     hour=min/60;
     min=min%60;
    printf("560 minutes is %d hour and %d minutes.",hour,min);}
```

第 4 章　语　　句

4.1 知 识 要 点

1）C 语言的语句根据语法形式可以分为表达式语句、空语句、复合语句和流程控制语句。

2）C 语言有 9 种流程控制语句，可以分成以下 3 类：

① 分支语句（条件判断语句）：if 语句和 switch 语句。

② 循环语句：for 语句、while 语句和 do-while 语句。

③ 转向语句：break 语句、continue 语句、return 语句和 goto 语句。

3）分支语句：if 语句和 switch 语句。

① if 语句： if 语句有 3 种基本形式，如表 1.4.1 所示。

表 1.4.1　if 语句的基本形式

基本形式 1	基本形式 2	基本形式 3

If (表达式)
　语句;
	If (表达式)
	　语句 1;
	else
	　语句 2;
		if (表达式 1)
		　语句 1;
		else　if (表达式 2)
		　语句 2;
		　else　if (表达式 3)
		　语句 3;
		　　……
		　　else
		　　语句 n;

② switch 语句：switch 语句的一般形式如下。

```
switch(表达式)
{
    case 常量表达式 1:语句组 1 或空;
    case 常量表达式 2:语句组 2 或空;
            ......
    case 常量表达式 n:语句组 n 或空;
    default:默认语句组;
}
```

4）循环语句：for 语句、while 语句和 do-while 语句。

① for 语句的一般形式如下：

```
for(表达式 1;表达式 2;表达式 3)
    语句;
```

执行过程：首先计算表达式 1，循环控制变量得到初值。然后计算表达式 2，若表达式 2 为真（非 0），表示循环的条件成立，执行循环体语句，执行完毕后，再计算表达式 3。然后再测试表达式 2 的值，若为真，继续执行循环体语句，以此类推。若表达式 2 的值为假（0），表示循环的条件不成立，退出循环，执行 for 循环后面的下一条语句。

② while 语句的一般形式如下：

```
while(表达式)
     语句;
```

执行过程：先计算表达式的值，若表达式的值为真，表示循环条件成立，执行循环体语句；若表达式的值为假，表示循环条件不成立，退出循环，执行循环体语句的下一条语句。

③ do-while 语句的一般形式如下：

```
do {
      循环体语句;
   } while(表达式);
```

执行过程：先执行循环体语句，再计算表达式的值。若表达式的值为真，表示循环条件成立，继续执行循环体语句。若表达式的值为假，表示循环条件不成立，退出循环，执行循环体语句的下一条语句。

5）转向语句 goto。利用 goto 语句，可与 if 语句一起构成循环结构，但不提倡使用它，因为滥用 goto 语句将使程序流程无规律、可读性差，不符合结构化程序设计的要求。

6）在一个循环体内又包含另一个循环，称为循环的嵌套。for、while 和 do-while 循环可以相互嵌套。循环嵌套可以多层，但每一层在逻辑上必须是完整的。

7）利用 break 语句可以从循环体内跳出循环体，即提前结束循环，接着执行循环下面的语句；而 continue 语句则结束本次循环，接着执行下一次是否执行循环的判定。

4.2 典型例题与分析

【例题 1】写出以下程序的输出结果。

```
# include "stdio.h"
void main()
{
    int x,y=1,z;
    if(y!=0)  x=5;
    printf("\t%d\n",x);
    if(y==0)  z=4;
    else  x=5;
    printf("\t%d\n",x);
    x=1;
    if(y<0)
```

```
        if(y>0) x=4;
        else x=5;
    printf("\t%d\n",x);
  }
```

【解析】程序中有 3 个顺序关系的 if 语句。

第一个 if 语句形为：if(表达式) 语句;，判断表达式的值为真，因此执行 if 后面的子语句 x=5;之后 printf 函数输出 x 的值 5。

第二个 if 语句形为：if(表达式) 语句 1；else 语句 2;，判断表达式的值为假，因此执行 else 后语句 2 即 x=5；之后 printf 函数输出 x 的值 5。程序继续运行 x 被重新赋值为 1。

第三个是嵌套的 if 语句，else 与可匹配的最近的 if 子句相匹配。这里先判断 y<0 为假，那么不执行下面的子语句，即下面的 if-else 不执行。最后输出 x 的值 1。注意水平制表符\t 的用法，程序的输出结果如下：

```
  5
  5
  1
```

为了易于阅读和修改，程序的编写者应养成错落有致地编写源程序的好习惯。

【例题 2】若变量已正确定义，请写出以下程序的输出结果。

```
  # include "stdio.h"
  void main()
  {
      int a=2,b=7,c=5;
      switch(a>0){
      case 1:switch(b<0){
             case 1:printf("@");break;
             case 2:printf("!");break;
      }
      case 0:switch(c==5){
             case 0:printf("*");break;
             case 1:printf("#");break;
             default:printf("#");break;
      }
      default:printf("&");
      }printf("\n");}
```

【解析】在分析具有流程控制语句的程序时，了解各种语句本身的功能和执行流程是最基本的要求，其次要清楚使用各个语句的嵌套关系。

在本例中，执行外层的 switch 语句，计算 switch 后面的表达式的值为 1，从 case 1 开始执行；case 1 后又是一个 switch 语句，计算后面的表达式值为 0，因为没有与 0 相匹配的 case 块，所以什么也不执行直接跳出此内层 switch 语句，至此外层 switch 语句的 case 1 块执行完毕。继续执行下面的case块，case 0后的语句组又是一个switch语句，执行它，经计算跳到它的case 1块执行，输出#，然后执行break语句(注意break属于哪个switch语句)，跳出该内层switch语句，至此外层switch语句的case 0块执行完毕。继续执行下面的default分支语句，输出&。至此最外层的switch语句执行完毕。最后输出回车符。程序的输出结果如下：

```
#&
```

【例题3】写出以下程序的输出结果。

```
#include "stdio.h"
void main()
{
    int a,y;
    a=10;y=0;
    do{
        a+=2;y+=a;
        if(y>50)  break;
    }while(a=14);
    printf("a=%d y=%d\n",a,y);
}
```

【解析】语句先执行循环体一次，再根据循环条件判断是否再执行循环。第一次执行循环体时，a值变为12，y值变为12，if语句条件为假，不执行break语句；第一次循环完毕后要计算do-while的条件表达式a=14，由于a=14是赋值表达式，所以do-while的条件表达式的结果恒为真，因此循环将执行多次。从第二次循环开始，每次执行循环体，语句a+=2;将a的值变为16，y值则在原来的基础上加16，直到某次循环使y值大于50时，if语句的条件表达式为真，执行break语句，结束do-while循环。此程序循环4次，输出结果如下：

```
a=16 y=60
```

分析和编写一个循环的时候最重要的是考虑循环的结束条件。

【例题4】完善程序：下面程序的功能是输出1～100之间各位数的乘积大于各位数的和的数。

```
#include "stdio.h"
void main()
 { int n,k=1,s=0,m;
   for(n=1;n<=100;n++)
     {k=1;s=0;
       【1】;
      while(【2】)
        {k*=m%10;
         s+=m%10;
```

```
            【3】;
            }
        if(k>s)  printf("  %d",n);
        }
    }
```

【解析】完善程序题型中所给的空白处只要求填写一个语句或补全一个语句。在做完善程序题型时要了解所给程序的设计思路，对照题意了解程序中各个变量的含义。在本例中，for 循环的循环变量是 n，并且唯一的一个 printf 语句是输出 n 的值，可以知道 n 取 1～100 之间的所有整数，printf 语句输出符合题意的 n。while 循环中所给的两个语句的含义是：k 在每次循环中用自身原来的值乘以 m 的个位值；s 在每次循环中用自身原来的值加上 m 的个位值，又根据 k、s 的初始值和 printf 语句的输出条件 k>s 知，k 表示数 n 各位数的乘积，s 表示数 n 各位数的和。这时应该知道在使用 m 前应有一条语句将 n 的值赋给 m（写在【1】处），并且每次 while 循环中 m 应该改变为除 10 取整，即实现原十位变为个位（写在【3】处），while 循环的结束条件应该是直到 m 除 10 取整为 0（写在【2】处）。答案如下：

【1】m=n　　【2】m　　【3】m/=10

【例题 5】编程实现输出如下星图：

```
   *
  ***
 *****
*******
```

【解析】先考察输出的图形，可发现如表 1.4.2 所示的规律。

表 1.4.2　星图输出规律

第 i 行	第 i 行空格数 j	第 i 行*数 k
0	3	1
1	2	3
2	1	5
3	0	7

其中，i、j、k 都是程序中的循环变量，根据表 1.4.2 得到如下关系：j=3-i，k=2*i+1，即第 i 行要输出 j=3-i 个空格和 k=2*i+1 个星号及一个换行，故此可编写上述嵌套循环程序。

实现本例功能的程序如下：

```
#include "stdio.h"
void main()
{
    int i,j,k;
    printf("\n");
    for(i=0;i<4;i++){
```

```
        for(j=0;j<3-i;j++)
            printf(" ");
        for(k=0;k<2*i+1;k++)
            printf("*");
        printf("\n");
    }
}
```

4.3 习　　题

一、选择题

1．下列语句错误的是（　　）。

A．int a=b=0;　　B．y=(int)(x);

C．a=b=5;　　D．b=5;a=b;

2．在下列语句中，符合C语言语法的赋值语句是（　　）。

A．a=7+b+c=a+7;　　B．a=7+b;c+7=a;

C．a=(7+b,b++,c+7);　　D．a=b=c=7

3．在C语言的if语句中，用于判断的表达式为（　　）。

A．关系表达式　　B．逻辑表达式

C．算术表达式　　D．任意表达式

4．若要求在if后一对圆括号中表示a不等于0的关系，则能正确表示这一关系的表达式为（　　）。

A．a<>0　　B．a

C．a=0　　D．!a

5．以下程序的输出结果是（　　）。

```
#include<stdio.h>
int main()
{
    printf("%d\n",NULL);
}
```

A．NULL　　B．没有结果

C．0　　D．程序出错

6．以下程序运行时从键盘上输入97,98,7,8，则输出结果是（　　）。

```
#include "stdio.h"
void main()
{   char a,b,c,d;
    scanf("%d,%d,%c,%c",&a,&b,&c,&d);
    printf("%c,%c,%c,%c",a,b,c,d);  }
```

A. 97,98,7,8　　　　B. 97,98,a,b

C. a,b,97,98　　　　D. a,b,7,8

7. 假定所有变量均已正确声明，以下程序段运行后 x 的值是（　　）。

```
int a=0,b=0,c=0,x=35;
if(!a)  x--;
else if(b);
if(c) x=3;
else x=4;
```

A. 34　　　　B. 3

C. 35　　　　D. 4

8. 两次运行以下程序，在运行中如果从键盘上分别输入 4 和 6，则输出结果是（　　）。

```
#include "stdio.h"
void main()
 {   int x;
     scanf("%d",&x);
     if(x++>5)
        printf("%d",--x);
     else
     printf("%d\n",x++);}
```

A. 6 和 5　　　　B. 5 和 6

C. 6 和 6　　　　D. 5 和 7

9. 假定所有变量均已正确说明，以下程序段运行后 b 的值是（　　）。

```
#include "stdio.h"
void main()
{   float a=5.0,b;
    if(a<1.0) b=1.0;
    else if(a<10.0)
            b=1.0/a;
        else b=1.0;
    printf("%f\n",b);  }
```

A. 0.200000　　　　B. 0.2

C. 0.000000　　　　D. 0

10. 以下程序的输出结果是（　　）。

```
#include "stdio.h"
void main()
{   int x=1,y=2,z=3;
    if(x==1&&y++==2)
        if(y!=2||z--!=3)
```

```
            printf(" %d%d%d\n",x,y,z);
        else printf(" %d%d%d\n",x,y,z);
    else printf(" %d%d%d\n",x,y,z);  }
```

A. 123　　B. 133
C. 321　　D. 331

11. 以下程序的输出结果是（　　）。

```
#include "stdio.h"
 void main()
 {   int m=5;
     if(m++>5)  printf("%d\n",m);
     else  printf("%d\n",m--);  }
```

A. 7　　B. 6
C. 5　　D. 4

12. 以下程序的输出结果是（　　）。

```
#include "stdio.h"
void main()
{int a=2,b=-1,c=2;
    if(a<b)
       if (b<0)  c=0;
       else c+=1;
    printf("%d\n",c); }
```

A. 0　　B. 1
C. 2　　D. 3

13. 以下程序的输出结果是（　　）。

```
#include "stdio.h"
void main()
{   if(2==3-1<=8!=4*3)
       printf ("true\n");
    printf("false");}
```

A. true　　B. false　　C. true
false　　D. false
true

14. 若有以下定义：

```
float x=2.0;
int a=1,b=2;
```

则下列语句正确的是（　　）。

A. switch(a+b)
{ case 1:printf("Hi\n");
case 1+2:printf("Hello\n");}

B. switch(x)
{ case 1.0:printf("Hi\n");
case 2.0:printf("Hello\n");}

C. switch(a)
{ case 1:printf("Hi\n");
case c:printf("Hello\n");}

D. switch(a+b)
{ case 3:printf("Hi\n");
case a+b:printf("Hello\n");}

15. 以下程序的输出结果是（　　）。

```
#include "stdio.h"
void main()
{   int a=10,b=11,m=0;
    switch(a%3)
    {   case 0:m++;break;
        case 1:m++;
             switch(b%2)
             { default:m--;
              case 0:m++;break;
             }
    }printf("%d\n",m);  }
```

A. 4　　B. 3
C. 2　　D. 1

16. 在C语言中，当while语句中的条件为（　　）时，该循环结束。

A. 0　　B. 1
C. true　　D. 非0

17. 以下程序的输出结果是（　　）。

```
#include "stdio.h"
void main()
{   int x=3;
    do
    {printf("%3d",x-=2);}
    while(!(--x));  }
```

A. -1　　B. 30
C. 1-2　　D. 死循环

18. 以下语句中，while循环执行（　　）次。

```
x=-1;
do
  {x=x*x;}
while(!x);
```

A. 无限　　B. 两次
C. 一次　　D. 有语法错误

19．下列语法不正确的是（　　）。

A．do-while 的循环体至少无条件执行一次

B．break 语句的执行强制结束它所在的控制结构

C．执行 continue 语句后继续执行它所在循环体之后的语句

D．执行 goto 语句后转移到 goto 后标号所指定的语句

20．以下程序的输出结果是（　　）。

```
#include "stdio.h"
void main()
{   int a=5;
    do{
        if(a%3==1)
            if(a%5==2){
                printf("@%d",a);break;}
        a++;
    }while(a!=0);
    printf("\n");  }
```

A．@7　　B．@5

C．@2@6　　D．@3@5

21．以下程序的输出结果是（　　）。

```
#include "stdio.h"
void main()
{   int i=0;
    do{
        printf("%d ",i);
    }while(i++);
    printf("%d\n",i);
}
```

A．0 0　　B．0 1

C．1 1　　D．死循环

22．若 i 为 int 型变量，则以下循环执行的次数是（　　）。

```
for(i=2;i==0;) printf("%d",i--);
```

A．无限　　B．0 次

C．1 次　　D．2 次

23．以下程序的输出结果是（　　）。

```
#include "stdio.h"
void main()
{   int a=1,i=0;
```

```
    while(i<=10){
        for(;;){
            if((i%10)==0)break;
            else i--;
        }
        i+=10;  a+=i;
    }printf("%d\n",a);
}
```

A．31　　B．30

C．11　　D．10

24．关于以下程序段，说法正确的是（　　）。

```
for(t=1;t<=100;t++)
    {scanf("%d",&x);
     if(x<0) continue;
     printf("%3d",t);
    }
```

A．当 x<0 时整个循环结束　　B．x≥0 时什么也不输出

C．printf 函数永远也不执行　　D．最多允许输出 100 个非负整数

25．以下程序的输出结果是（　　）。

```
#include "stdio.h"
void main()
{ int j;
  for(j=1;j<=5;j++)
    {  if(j%2) printf("*");
       else  continue;
       printf("#");
    }
  printf("$\n");
}
```

A．*#*#*#$　　B．#*#*#*$

C．*#*#$　　D．#*#*$

26．下列哪个程序段不能造成死循环？（　　）

A．
```
for(i=1,n=0;i++)
  {
    n+=i;
  }
```

B．
```
i=0;
while(1)
{ if(i>99) break;
  i++;
}
```

C. for(; ;)
```
{
 printf("*");
}
```
D. n=0
```
do{
    ++n;
}while(n<=0);
```
27. 执行以下程序后，a 的值为（　　）。

```
#include "stdio.h"
void main()
{   int a,b;
    for(a=1,b=1;a<=100;a++)
       {  if(b>=30) break;
          if(b%3==1)
             {b+=3;continue;}
          b-=5;
       }
}
```

A. 8　　B. 9　　C. 10　　D. 11

28. 以下程序的输出结果是（　　）。

```
#include "stdio.h"
void main()
{   int a=0,i;
    for(i=1;i<=5;i++)
    {
        switch(i)
        {   case 0:
            case 1:a+=1;
            default:a+=2;break;
            case 2:
            case 3:a+=3;  }
        }
    printf("%d\n",a);
}
```

A. 11　　B. 12　　C. 13　　D. 14

29. 下面关于 for 循环，说法正确的是（　　）。

A. for 循环只能用于循环次数已经确定的情况
B. for 循环是先执行循环体语句，后判断表达式
C. 在 for 循环中，不能用 break 语句跳出循环体
D. for 循环的循环体中可以包含多条语句，但必须用花括号括起来

二、阅读程序

1. 以下程序的输出结果是________。

```
#include "stdio.h"
void main()
{
    int m=055,n=55;
    printf("%d %o %o\n",m,m,n);
}
```

2. 以下程序的输出结果是________。

```
#include "stdio.h"
void main()
{   if(2*3==6<2*2!=4)
          printf("T");
    else
          printf("F");
}
```

3. 以下程序运行时输入9.54,2.65,11.29，则其输出结果是________。

```
#include "stdio.h"
void main()
{   float a,b,c,t;
    scanf("%f,%f,%f",&a,&b,&c);
    if(a>b)
      {t=a;a=b;b=t;}
    if(a>c)
     {t=a;a=c;c=t;}
    if(b>c)
     {t=b;b=c;c=t;}
    printf("%5.2f,%5.2f,%5.2f",a,b,c);
 }
```

4. 以下程序的输出结果是________。

```
#include "stdio.h"
void main()
{
    int a=0,b=1,i=10;
    if(!a) i-=1;
    if(!--b) i-=2;
    if(i--) i-=3;
    printf(" %d\n",i);
}
```

5. 以下程序运行时输入1.5，则其输出结果是________。

```
#include "stdio.h"
void main()
 {
    double a,b;
    printf("Enter a:");
    scanf("%lf",&a);
    if(a<0) b=0;
    else if(a<=15) b=2*a/5;
        else b=1.5*a-10.5;
    printf("f(%.2f)=%.2f\n",a,b);
  }
```

6. 以下程序的输出结果是________。

```
#include "stdio.h"
void main()
{
    int a=1,b=2,c=3,d=0;
    if(a==1)
       if(b--!=2)
            if(c==3) d+=1;
            else d+=2;
        else if(++c!=3) d-=3;
            else d-=4;
    else d+=5;
   printf("%d\n",d);}
```

7. 以下程序运行时输入3 6，则其输出结果是________。

```
#include "stdio.h"
void main()
{
   int a,b,m,n;
   scanf("%d %d",&a,&b);
   m=1;
   n=1;
   if(a>0) m=m+n;
   if(a<b) n=2*m;
   else if(a==b) n=5;
        else n=m+n;
   printf("m=%d  n=%d\n",m,n);
}
```

8. 以下程序运行两次，输入数据分别为89.5和79.59，则其输出结果是________。

```
#include "stdio.h"
void main()
{   float g;
    int j;
    printf("score?");
    scanf("%f",&g);
    j=g/10;
    switch(j)
    {   case 0:
        case 1:
        case 2:
        case 3:
        case 4:
        case 5:printf("fail\n");break;
        case 6:
        case 7:printf("pass\n");break;
        case 8:printf("good\n");break;
        case 9:
        case 10:printf("very good\n");break;
        default:printf("input error\n");break;
    }
}
```

9. 以下程序的输出结果是________。

```
#include "stdio.h"
void main()
{   int x=1,y=0,a=0,b=0;
    switch(x)
      {  case 1:
            switch(y)
              {case 0:a++;break;
               case 1:b++;break;}
         case 2:
              a++;b++;break;
      }
     printf("a=%d,b=%d",a,b);
}
```

10. 以下程序运行时输入China#，则其输出结果是________。

```
#include "stdio.h"
void main()
{   int v1=0,v2=0;
```

```
    char ch;
    while((ch=getchar( ))!='#')
      switch(ch)
       {   case 'a':
           case 'h':
           default: v1++;
           case 'o':v2++;}
    printf("%d,%d\n",v1,v2);
}
```

11．以下程序运行时输入 4/23，则其输出结果是________。

```
#include "stdio.h"
void main()
{   float x,y;
    char o;
    double r;
    scanf("%f %c %f",&x,&o,&y);
    switch(o)
      {  case '+':r=x+y;break;
         case '-':r=x-y;break;
         case '*':r=x*y;break;
         case '/':r=x/y;break;}
    printf("%f",r);
}
```

12．以下程序的输出结果是________。

```
#include "stdio.h"
void main()
{   int a,b,i;
    a=1;b=3;i=1;
    do{ printf("%d,%d,",a,b);
        a=(b-a)*2+b;
        b=(a-b)*2+a;
        if(i++%2==0)  printf("\n");
    }while(b<100);
}
```

13．以下程序的输出结果是________。

```
#include "stdio.h"
void main()
{   int x=21;
    while(x>10&&x<50)
      {  x--;
```

```
        if(x/4)  {x+=5;break;}
        else continue;}
    printf("%d\n",x);
}
```

14. 以下程序的输出结果是________。

```
#include "stdio.h"
void main()
{   int y,a;
    y=2;a=1;
    while(y--!=-1)
      {   do {a*=y; a++;}
          while(y--);}
    printf("%d,%d",a,y);
}
```

15. 以下程序的输出结果是________。

```
#include "stdio.h"
void main()
{   int i=0,x=0,y=0;
    do{   ++i;
          if(i%3!=0) {x=x+i;i+=2;}
          y=++i+y;
    }while(i<=8);
    printf("x=%d,y=%d\n",x,y);
}
```

16. 以下程序的输出结果是________。

```
#include "stdio.h"
void main()
{   int k=0;
    char c='a';
    do{switch(++c)
          {   case 'b':k--;
              case 'c':k+=2;break;
              case 'd':k=k%2;break;
              default: k=k/3;
              case 'f':k=k*5;break;
          }k-=2;
    }while(c<'g');
    printf("k=%d\n",k);
}
```

17．以下程序运行时输入 3，则其输出结果是________。

```
#include "stdio.h"
void main()
{   char ch;
    do{printf("1.morning\n");
    printf("2.afternoon\n");
    printf("3.night\n");
    printf("0.sleep\n");
    printf("enter your choice:");
    ch=getchar();
    switch(ch)
      {   case '1':printf("\n good morning!\n");break;
          case '2':printf("\ngood afternoon!\n");break;
          case '3':printf("\n good night!\n");
          case '0':printf("\n go to bed!\n");break;
          default:printf("selection wrong!\n");
      }
    }while(ch!= '0'&&ch!= '3');
}
```

18．以下程序运行时输入-678，则其输出结果是________。

```
#include "stdio.h"
void main()
{   int c=0,n;
    printf("Enter n:");
    scanf("%d",&n);
    if(n<0) n=-n;
    do{ n=n/10;
        c++;
    }while(n!=0);
    printf("%d\n",c);
}
```

19．以下程序运行时输入 13，则其输出的结果是________。

```
#include "stdio.h"
void main()
{    int i,n,sum=0;
     scanf("%d",&n);
     for(i=1;i<=n;i++)
          sum+=i;
     printf("%d\n",sum);
}
```

20. 以下程序的输出结果是________。

```
#include "stdio.h"
void main()
{   int i;
    for(i='a';i<'f';i++,i++)
        printf("%c",i+'B'-'b');
    printf("\n");
}
```

21. 以下程序的输出结果是________。

```
#include "stdio.h"
void main()
{   int i,j,k;
    char space=' ';
    for (i=0;i<=3;i++)
      { for(j=1;j<=i;j++)
            printf("%c",space);
        for(k=0;k<=5;k++)
            printf("%c", '*');
        printf("\n");
      }
}
```

22. 以下程序的输出结果是________。

```
#include "stdio.h"
void main()
{   int m,n;
    for(m=0;m<=3;m++)
    {  for(n=0;n<=5;n++)
       {   if(m==0||n==0||m==3||n==5)
                printf("*");
           else printf(" ");
       }
       printf("\n");
    }
}
```

23. 以下程序运行时输入 5，则其输出结果是________。

```
#include "stdio.h"
void main()
{   int i,m;
```

```
    printf("Enter m:");
    scanf("%d",&m);
    for(i=2;i<=m/2;i++)
        if(m%1==0) break;
        if(i>m/2)
            printf("YES!\n");
        else printf("NO!\n");
}
```

24. 以下程序的输出结果是________。

```
#include "stdio.h"
void main()
  { int m,n;
    for(m=4;m>=1;m--)
        {  for(n=1;n<=m;n++)
                putchar('#');
           for(n=1;n<=4-m;n++)
                putchar('*');
           putchar('\n');
        }
  }
```

25. 以下程序的输出结果是________。

```
#include "stdio.h"
void main()
  { int j=1;
    while(j<=15)
      if(++j%3!=2) continue;
      else printf("%5d",j);
    printf("\n");
  }
```

三、完善程序

1. 以下程序实现输入3个整数，按从小到大的顺序进行输出。

```
#include "stdio.h"
void main()
{   int  x,y,z,c;
    scanf("%d %d %d",&x,&y,&z);
    if(【1】)
       {c=y;y=z;z=c;}
    if(【2】)
```

```
        {c=x;x=z;z=c;}
    if(【3】)
        {c=x;x=y;y=c;}
    printf("%d,%d,%d",x,y,z);
}
```

2．输入 5 个整数，求它们的总和及平均值。

```
#include "stdio.h"
void main()
{   int i,a;
    float ave=0,sum=0;
    for(i=0;i<5;i++)
    {   scanf("%d",&a);
        【1】;
    }
    printf("sum=%.2f\n",sum);
    【2】;
    printf("ave=%.2f\n",ave);
}
```

3．输入一个字符，如果它是一个大写字母，则将它变成小写字母；如果它是一个小写字母，则将它变成大写字母；其他字符不变。

```
#include "stdio.h"
void main()
{   char ch;
    scanf("%c",&ch);
    if(【1】) ch=ch+32;
    else if(ch>='a'&&ch<='z') 【2】;
    printf("%c",ch);
}
```

4．以下程序实现根据表 1.4.3 所示函数关系，对输入的每个 x 值，计算 y 值。

表 1.4.3 函数关系（一）

x	y
2<x≤10	x(x+2)
-1<x≤2	2x
X≤-1	x-1

```
#include "stdio.h"
void main()
```

```
{   int x,y;
    scanf("%d",&x);
    if(【1】) y=x*(x+2);
    else if(【2】) y=2*x;
    else if(x<=-1) y=x-1;
         else 【3】;
    if(y!=-1) printf("%d",y);
    else printf("error");
}
```

5. 以下程序的功能是判断输入的年份是否是闰年。

```
#include "stdio.h"
void main()
{   int y,f;
    scanf("%d",&y);
    if(y%400==0) f=1;
    else  if(【1】) f=1;
          else 【2】;
    if(f) printf("%d is",y);
    else  printf("%d is not ",y);
    printf("a leap year\n");
}
```

6. 根据表 1.4.4 所示的函数关系，对输入的每个 x 值，计算相应的 y 值。

表 1.4.4　函数关系（二）

x	y
x<0	0
0≤x<10	x
10≤x<20	10
20≤x<40	-0.5x+20

```
#include "stdio.h"
void main()
{   int x,c,m;
    float y;
    scanf("%d",&x);
    if(【1】) c=-1;
    else c=【2】;
    switch(c)
    {  case -1:y=0;break;
```

```
        case 0:y=x;break;
        case 1:y=10;break;
        case 2:
        case 3:y=-0.5*x+20;break;
        default:y=-2;
      }
      if(【3】) printf("y=%f",y);
      else printf("error\n");
    }
```

7. 输入三角形的三边长，利用公式 area=$\sqrt{s(s-a)(s-b)(s-c)}$ (s=(a+b+c)/2)求三角形的面积。

```
#include "stdio.h"
#include "math.h"
void main()
{   float a,b,c,s,area;
    scanf("%f,%f,%f",&a,&b,&c);
    s=【1】;
    area=【2】;
    printf("a=%f,b=%f,c=%f,s=%f\n",a,b,c,s);
    printf("area=%f\n",area);
}
```

8. 计算整数 1～100 的累加和。

```
#include "stdio.h"
void main()
{   int i, sum=【1】;
    i=1;
    for(【2】)
    {    sum+=i;
         i++;
    }
    printf("sum=%d\n", 【3】);
}
```

9. 输入若干个字符，分别统计数字字符的个数和英文字母的个数，当输入换行符时输出统计结果，运行结束。

```
#include "stdio.h"
void main()
{   char ch; 【1】
    while((【2】)!= '\n')
```

```
{   if(ch>='0'&&ch<='9') s1++;
    if(ch>='a'&&ch<='z' 【3】) s2++;}
    【4】
}
```

10．以下程序的功能是：从键盘上输入若干个学生的成绩，统计并输出最高成绩和最低成绩，当输入负数时结束输入。

```
#include "stdio.h"
void main()
{   float x,amax,amin;
    scanf("%f",&x);
    amax=x;
    amin=x;
    while( 【1】 )
    {   if (x>amax)  amax=x;
        if( 【2】 )  amin=x;
        scanf("%f",&x);}
    printf("\namax=%f\namin=%f\n",amax,amin);
}
```

11．计算1～10之间的奇数之和及偶数之和。

```
# include "stdio.h"
void main()
{   int o=0,e=0,i,j;
    for(i=0;i<=10;i+=2){
        【1】;
        j=i+1;
        【2】;
    }
    printf("偶数之和=%d\n",e);
    printf("奇数之和=%d\n",o);
}
```

12．输出Fibonacci数列的前十项：1 1 2 3 5 8 13 21 34 55。

```
# include "stdio.h"
void main()
{   int i,n,a=1,b=1;
    printf("%d %d ",a,b);
    for(i=1;【1】;i++){
        【2】;
        printf("%d ",n);
        a=b;
```

```
        b=n;
    }
}
```

13．以下程序的功能是：输入一个整数，并将其逆序输出。

```
# include "stdio.h"
void main()
{   int n,s;
    printf("Enter n:");
    scanf("%d",&n);
    do{   s=n%10;
          printf("%d",s);
           【1】;
    }while(【2】);
    printf("\n");
}
```

14．请完善程序：输出 100 以内能被 3 整除且个位数是 5 的整数。

```
# include "stdio.h"
void main()
{   int i,m;
    for(i=0;【1】;i++){
        m=i*10+5;
        if(【2】) continue;
        printf("%d\n",m);
    }
}
```

15．输入正整数 a 和 n，计算 a+aa+aaa+…+a…a 的值。

```
#include<stdio.h>
void main()
{   int a,i=1,s=0,sum=0,n;
    scanf("%d,%d",&a,&n);
    while(i<=n){
        【1】;
        sum+=s;
        【2】;
        ++i;
    }printf("a+aa+…+a…a=%d\n",sum);
}
```

四、改错

1. 输出任意给定 3 个数中较小的数。

```
#include "stdio.h"
void main()
{   float a,b,c,min;
    scanf("%f%f%f",&a,&b,&c);
    min=a;
    /********ERROR*******/
    if(min>b)  min=a;
    if(min>c)  min=c;
    /********ERROR*******/
    printf("min=%d",min);
}
```

错误________________
改正________________
错误________________
改正________________

2. 判断整数 N 是奇数（ODD）还是偶数（EVEN），如是奇数输出 ODD，是偶数输出 EVEN。

```
#include "stdio.h"
void main()
{   int n;
    /********ERROR*******/
    scanf("%d",n);
    /********ERROR*******/
    if(n%2)
       printf("EVEN");
    else
       printf("ODD");  }
```

错误________________
改正________________
错误________________
改正________________

3. 判断输入的年份是否为闰年。

```
#include "stdio.h"
void main()
{   int y,t;
```

```
    scanf("%d",&y);
    /*******ERROR*******/
    t=((y%4==0)&&y%100!=0||y%400=0)?1:0;
    if(t)  printf("%d is ",y);
    else  printf("%d is not ",y);
    printf("a leap year");}
```

错误________________

改正________________

4. 输出金字塔图案：

```
  *
 ***
*****
```

```
#include "stdio.h"
void main()
{   int m,n;
    char s='*';
    for(m=1;m<4;m++)
      {  for(n=1;n<=20-m;n++)
             putchar(' ');
         /*******ERROR*******/
         for(n!=1;n<=2*m-1;n++)
         /*******ERROR*******/
             printf("%s",s);
         printf("\n");
      }
}
```

错误________________

改正________________

错误________________

改正________________

5. 将输入的考试成绩分成三等：不及格、及格、良。

```
#include "stdio.h"
void main()
{   float score,factor=20.0;
    int p;
    do
    /*******ERROR*******/
    {scanf("%f",score);
     P=(int)(score/factor);
```

```
        switch(p)
        {case 0:
          /********ERROR*******/
          case 1;
          case 2: printf("no pass\n");break;
          case 3:printf("pass\n");
          case 4:
          case 5:printf("good\n");
          }
      }while(score);
}
```

错误________________

改正________________

错误________________

改正________________

6. 统计正整数的各位数字中零的个数，并求各位数字中的最大者。

```
#include "stdio.h"
void main()
{   long int n,count,max,t;
    count=max=0;
    scanf("%ld",&n);
    do
    {  t=n%10;
       if(t==0)  ++count;
       else if(max<t)  max=t;
       n/=10;
       /********ERROR*******/
    }while(n<0);
    printf("count=%ld,max=%ld",count,max);
}
```

错误________________

改正________________

7. 输入两个整数，输出它们的最小公倍数和最大公约数。

```
#include "stdio.h"
void main()
{   int m,n,b,y;
    /********ERROR*******/
    scanf( "%d,%d",m,n );
    /********ERROR*******/
```

```
    for(b=m;b/n!=0;b=b+m);
      y=m*n/b;
    printf("%d %d\n",b,y);
  }
```

错误________________
改正________________
错误________________
改正________________

8．计算 1+1/2+1/4+…+1/50。

```
#include "stdio.h"
void main()
{   float sum=1;
/********ERROR*******/
    int i=1;
    while(i<=50)
    {
       sum=sum+1.0/i;
    /********ERROR*******/
       i+=1;
    }
    printf("%f\n",sum);
}
```

错误________________
改正________________
错误________________
改正________________

五、编程题

1．编写一个求 a+|b|的程序。

2．编写程序，将用户输入的字母进行大小写转换。

3．编写程序，从键盘输入 3 个整数，输出较小的两个数之和。

4．编写程序，输出九九乘法表。

5．编写程序，完成两个数的四则运算。

6．输入 10 个字符，分别统计出其中空格或者回车符、数字字符和其他字符的个数。

7．编写程序，输出半径为 1～10 的圆的面积，若面积在 40～90 之间则予以输出，否则不予输出。

8．编写程序。猴子吃桃问题：猴子第一天摘下若干个桃子，当即吃了一半，还不过瘾，又多吃了一个，第二天早上又将剩下的桃子吃掉一半，又多吃了一个。以后第二天早上都吃了前一天剩下的一半零一个。到第10天早上想再吃时，见只剩下一个桃子了。求第一天共摘了多少个桃子。

9．已知xyz+yzz=532，其中x、y、z都是整数，编写一个程序求出x、y、z分别代表什么数字。

10．输入一个正整数，对其进行分解质因数，如60=2×2×3×5。

11．编写程序，计算出三边之和为150的直角三角形的面积。

12．输入年月日，计算并输出该天是对应年份的第几天。

13．编写程序，判断101～200之间有多少个素数，并输出所有素数。

4.4 习题参考答案

一、选择题

1．A　2．C　3．D　4．B　5．C　6．D　7．D　8．B　9．A　10．B
11．B　12．C　13．A　14．A　15．D　16．A　17．C　18．C　19．C　20．A
21．B　22．B　23．A　24．D　25．A　26．B　27．D　28．C　29．D

二、阅读程序

1．45　55　67

2．T

3．2.65,9.54,11.29

4．3

5．f(1.50)=0.60

6．−3

7．m=2 n=4

8．very good
pass

9．a=2,b=1

10．5,5

11．0.173913

12．1,3,7,15,
31,63,

13．25

14．1,−2

15．x=6,y=22

16．k=−62

17．good night!
go to bed!

18．3

19. 91
20. ACE
21. ******
 ******
  ******
   ******
22. ******
 *   *
 *   *
 ******
23. NO!
24. ####
 ###*
 ##**
 #***
25. 2 5 8 11 14

三、完善程序

1. 【1】y>z 【2】x>z 【3】x>y
2. 【1】sum+=a 【2】ave=sum/5
3. 【1】ch>='A'&&ch<='Z' 【2】ch=ch−32
4. 【1】x>2&&x<=10 【2】x>−1&&x<=2 【3】y=−1
5. 【1】y%4==0&&y%100!=0 【2】f=0
6. 【1】x<0 【2】x/10 【3】y!=−2
7. 【1】1.0/2*(a+b+c) 【2】sqrt(s*(s−a)*(s−b)*(s−c))
8. 【1】0 【2】;i<=100; 【3】sum
9. 【1】int s1=0,s2=0; 【2】ch=getchar( ) 【3】||ch>='A'&&ch<='Z'
 【4】printf("%d %d\n",s1,s2);
10. 【1】x>=0 【2】x<amin
11. 【1】e+=i 【2】o+=j
12. 【1】i<=8 【2】n=a+b
13. 【1】n=n/10 【2】n!=0
14. 【1】i<10 【2】m%3!=0
15. 【1】s=s+a 【2】a=a*10

四、改错

1. 错误 if (min>b) min=a;
 改正 if (min>b) min=b;

错误　printf("min=%d",min);
改正　printf("min=%f",min);

2. 错误　scanf("%d",n);
改正　scanf("%d",&n);
错误　if(n%2)
改正　if(n%2==0)

3. 错误　t=((y%4==0)&&y%100!=0||y%400=0)?1:0;
改正　t=((y%4==0)&&y%100!=0||y%400==0)?1:0;

4. 错误　for(n!=1;n<=2*m-1;n++)
改正　for(n=1;n<=2*m-1;n++)
错误　printf("%s",s);
改正　printf("%c",s);

5. 错误　{scanf("%f",score);
改正　{scanf("%f",&score);
错误　case 1;
改正　case 1:

6. 错误　}while(n<0);
改正　}while(n); 或 while(n>0);

7. 错误　("%d,%d",m,n)
改正　("%d,%d",&m,&n)
错误　m*n/b
改正　m*n%b

8. 错误　for(b=m; b/n!=0; b=b+m);
改正　for(b=m;b%n!=0;b=b+m);
错误　i+=1;
改正　i+=2;

五、编程题

1. 参考程序：

```
#include "stdio.h"
void main()
{   float a,b,sum;
    printf("input two numbers a,b:");
    scanf("%f,%f",&a,&b);
    sum=b>0?a+b:a-b;
    printf("sum=%f\n",sum);
}
```

2. 参考程序：

```
#include "stdio.h"
void main()
{   char ch;
    scanf("%c",&ch);
    if(ch>='A'&& ch<='Z')
        ch=ch+32;
    else if(ch>='a'&&ch<='z')
        ch=ch-32;
    printf("%c\n",ch);  }
```

3. 参考程序：

```
#include "stdio.h"
void main()
{   int a,b,c,t,sum;
    printf("please input a,b,c:");
    scanf("%d,%d,%d",&a,&b,&c);
    if(a<b)  {t=a;a=b;b=t;}
    if(a<c)  {t=a;a=c;c=t;}
    sum=b+c;
    printf("sum=%d\n",sum);   }
```

4. 参考程序：

```
#include "stdio.h"
void main()
{   int i,j;
    for(i=1;i<=9;i++)
    {
      for(j=1;j<=9;j++)
          printf("%3d",i*j);
      printf("\n"); }
}
```

5. 参考程序：

```
#include "stdio.h"
void main()
{   float x,y;
    char op;
    printf("输入表达式:");
    scanf("%f%c%f",&x,&op,&y);
    switch(op)
```

```
    { case '+':
        printf("%g%c%g=%g\n",x,op,y,x+y);
        break;
      case '-':
        printf("%g%c%g=%g\n",x,op,y,x-y);
        break;
      case '*':
        printf("%g%c%g=%g\n",x,op,y,x*y);
        break;
      case '/':
        if(y == 0.0 )
           printf("除零错误!\n");
        else
           printf("%g%c%g=%g\n",x,op,y,x/y);
        break;
      default:printf("表达式存在错误!\n");
      }
}
```

6. 参考程序:

```
#include "stdio.h"
void main()
{
    int black,digit,i,other;
    char ch;
    black=digit=other=0;
    printf("Enter 10 characters:");
    for(i=1;i<=10;i++)
    {   ch=getchar();
        switch(ch)
        {
          case ' ':
          case '\n':
              black++;break;
          case '0':case '1':case '2':case '3':case '4':
          case '5':case '6':case '7':case '8':case '9':
              digit++;break;
          default:other++;break;
        }
    }printf("black=%d,digit=%d,other=%d\n",black,digit,other);  }
```

7. 参考程序:

```
#include "stdio.h"
```

```
void main()
{   int r;
    float s;
    for(r=1;r<=10;r++)
    {    s=3.14*r*r;
         if(s>=40&&s<=90)
            printf("r=%d,s=%.2f\n",r,s);     }
}
```

8. 参考程序：

```
#include "stdio.h"
void main()
{   int i,a=1,n=0;
    for(i=9;i>0;i--)
    {    n=2*a+1;
         a=n;     }
    printf("n=%d\n",n);  }
```

9. 参考程序：

```
#include "stdio.h"
void main()
{
    int x,y,z,i;
    for (x=1;x<=9;x++)
        for (y=1;y<=9;y++)
            for(z=0;z<=9;z++)
            {
                i=100*x+10*y+z+100*y+10*z+z;
                if(i==532)  printf("x=%d,y=%d,z=%d\n",x,y,z);
            }
}
```

10. 参考程序：

```
#include "stdio.h"
void main()
{
    int i,n;
    printf("please input n:");
    scanf("%d",&n);
    printf("%d=",n);
    for(i=2;i<n;i++)
    {  while(i!=n)
```

```
        {  if(n%i==0)
           {   n=n/i;
               printf("%d*",i);}
           else break;
        }
      }
      printf("%d\n",n);
}
```

11. 参考程序：

```
#include "stdio.h"
void main()
{   int a,b,c,t,s;
    for(a=1;a<75;a++){
        for(b=1;b<75;b++){
            c=150-a-b;
            if(a+b>c&&a+c>b&&b+c>a){
                if(a>b)  {t=a;b=a;t=b;}
                if(a>c)  {t=a;c=a;t=c;}
                if(b>c)  {t=b;c=b;c=t;}
                if(a*a+b*b==c*c){
                      printf("a=%d b=%d c=%d\n",a,b,c);
                      s=a*b/2;
                      printf("s=%d\n",s);}
            }
        }
    }
}
```

12. 参考程序：

```
#include<stdio.h>
int main(void)
{
   int month,year,day,sum,i=0;
   printf("Input the year, the month and the day:\n");
   scanf("%d %d %d",&year,&month,&day);
   switch(month)
   {
      case 12: i=i+30;
      case 11: i=i+31;
      case 10: i=i+30;
      case 9: i=i+31;
```

```
        case 8: i=i+31;
        case 7: i=i+30;
        case 6: i=i+31;
        case 5: i=i+30;
        case 4: i=i+31;
        case 3: i=i+28;
        case 2: i=i+31;
        case 1: ;
        default:
        ;
    }
    sum=i+day;
    if(((year%4==0&&year%100!=0)||(year%400==0))&&(month>2))
        sum=sum+1;
    printf("the day is the %d day in %d year\n",sum,year);
}
```

13. 参考程序:

```
#include "stdio.h"
#include "math.h"
void main()
{
    int m,i,k,count=0,leap;
    printf("\n\n");
    for(m=101;m<=200;m+=2)
    {
        k=sqrt(m); leap=1;
        for(i=2;i<=k;i++)
            if(m%i==0)
            {       leap=0;break;}
          if(leap==1)
              {printf("%-5d",m);count++;}
    }
    printf("\nThe total is %d",count);
}
```

第 5 章 数 组

5.1 知识要点

1. 数组

数组是具有一定顺序关系的若干相同类型变量的集合。

- 定义一维数组：

  类型说明符　数组名[常量表达式]

- 引用一维数组元素：

  数组名[下标]

- 定义二维数组：

  类型说明符　数组名[常量表达式 1] [常量表达式 2]

- 引用二维数组元素：

  数组名[下标] [下标]

通常，使用 for 循环来访问一维数组中的所有元素；使用嵌套的 for 循环来访问二维数组中的所有元素，如例题 1 和例题 4。

注意：数组要先定义后引用，不能动态定义数组；数组元素在使用前应先赋值，否则现存值是随机数；引用时不要使下标越界。

2. 字符数组和字符串

处理字符数组时，可以使用字符串处理函数（表 1.5.1）。这些函数包含在 string.h 中。

表 1.5.1　字符串处理函数

函 数 名	格　式	功　能
gets	get(字符数组)	从键盘输入一个字符串并送入字符数组
puts	puts(字符数组)	将字符数组内容送至屏幕
strcat	strcat(字符数组 1, 字符数组 2)	把字符数组 2 连接到字符数组 1 后面
strcpy	strcpy(字符数组 1, 字符串 2)	将字符串 2 复制到字符数组 1 中
strcmp	strcmp(字符串 1, 字符串 2)	比较两个字符串，若字符串 1 大于字符串 2，则函数返回正数；若字符串 1 等于字符串 2，则函数返回 0；否则返回负数

续表

函数名	格式	功能
strlen	strlen(字符数组)	返回字符数组中包含的字符串的实际长度
strlwr	strlwr(字符串)	把字符串中的大写字母转换成小写
strupr	strupr(字符串)	把字符串中的小写字母转换成大写

5.2 典型例题与分析

【例题 1】为一维数组赋值并输出。

【解析】实现本例功能的程序如下：

```
#include "stdio.h"
void main()
{   int i,a[10];
    printf("please input array a[]:\n");
    for(i=0;i<10;i++)
      scanf("%d",&a[i]);
    for(i=0;i<10;i++)
      printf("a[%d] is %d\n",i,a[i]);
}
```

用 for 语句为一维数组赋值是为一维数组赋值的典型方法。例如，程序中的第一个 for 语句用于依次输入数组各元素的值，程序中的第二个 for 语句用于输出数组的各元素的值。

【例题 2】编程实现求一个整型一维数组的最大值、最小值、均值及总和。

【解析】实现本例功能的程序如下：

```
#include "stdio.h"
void main()
{   int i,a[10];
    float ave,sum=0;
    int max=-32768,min=32767;
    printf("please input array a[]:\n");
    for(i=0;i<10;i++)
     {  scanf("%d",&a[i]);
        sum=sum+a[i];
        if(max<a[i])  max=a[i];
        if(min>a[i])  min=a[i];
     }
    ave=sum/10;
    printf("the max is %d,the min is %d\n",max,min);
    printf("the sum is %1.0f,the ave is %5.2f",sum,ave);
}
```

首先从键盘上输入数组各个元素值。在输入的过程中，变量 sum 将输入的数累加起来，两个 if 语句会将当前输入的数与当前最值比较，确定哪个是最后的最值。最后，平均值等于总和除以数组元素个数。

【例题 3】判断字符数组中是否含有字母 a，如果有，请指出它是第几个字母。

【解析】实现本例功能的程序如下：

```
#include "stdio.h"
void main()
{   int i=0,k=0;
    char a[80];
    printf("please input string a:\n");
    gets(a);
    while(a[i]!='\0')
      {   if(a[i]=='a')
            { printf("\nThe string contain character 'a'at the %d
                     place\n",i);
              k=1;
            }
          i++;
      }
    if(k==0)
       printf("\nThis string does not contain character 'a'\n");
}
```

语句 gets(a)是从键盘输入含空格字符串的语句，在本程序中的作用是输入字符数组 a[ ]的所有元素。while 循环测试数组中的各个元素的值，如果有字符'a'，输出相关信息，并将标志 k 赋值为 1；如果没有'a'，则标志 k 的值不变，仍然是 0。循环结束后，用 if 语句测试 k 的值，若是 0，则说明字符串不包含'a'，并输出相关信息。

【例题 4】给二维数组赋值并输出。

【解析】实现本例功能的程序如下：

```
#include "stdio.h"
void main()
{   int i,j,a[5][5];
    for(i=0;i<5;i++)
       for(j=0;j<5;j++)
        {   printf("\na[%d][%d]=",i,j);
            scanf("%d",&a[i][j]);
        }
    for(i=0;i<5;i++)
       for(j=0;j<5;j++)
        {   if(j==0)  printf("\n");
            printf("%4d",a[i][j]);
        }
}
```

用二重循环输入二维数组的值是一种典型的方法，具体语句如程序的第一个二重循环所示。核心是将二维数组的元素值逐个地输入到数组中。输出时的思想也完全一样，只是要注意一下输出完毕后的屏幕效果，if语句能使输出结果适当换行。

【例题5】将如下矩阵转置。

$$\begin{bmatrix} 1 & 2 & 3 & 4 \\ 5 & 6 & 7 & 8 \\ 9 & 10 & 11 & 12 \\ 13 & 14 & 15 & 16 \end{bmatrix}$$

【解析】实现本例功能的程序如下：

```
#include "stdio.h"
void main()
{   int i,j,a[4][4],k=1,b[4][4];
    for(i=0;i<4;i++)
       for(j=0;j<4;j++)
        a[i][j]=k++;
    printf("\nthe array a is:");
       for(i=0;i<4;i++)
       for(j=0;j<4;j++)
         {   if(j==0)  printf("\n");
             printf("%4d",a[i][j]);
             b[j][i]=a[i][j];
         }
    printf("\nthe array b is:");
    for(i=0;i<4;i++)
        for(j=0;j<4;j++)
            {   if(j==0)  printf("\n");
    printf("%4d",b[i][j]);}
}
```

程序中有3个二重循环，第一个二重循环是为数组a赋值，使用的方法类似于例题4；第二个二重循环用于输出数组a并为数组b赋值，输出方法与例题4完全一样；第三个二重循环用于输出数组b。注意b[j][i]=a[i][j]，它在二重循环中的作用是为数组b赋值，但是赋值顺序是列元素优先赋值。

【例题6】输出杨辉三角形。

```
1
1   1
1   2   1
1   3   3   1
1   4   6   4   1
1   5   10  10  5   1
```

【解析】这是典型的数组元素的值与数组元素下标间关系的题型。

首先观察这个数组，可发现：

① 所有列下标是 0 的元素值是 1；

② 所有列下标与行下标值相等的数组元素值是 1；

③ 其他元素值等于这个元素值上方的两元素值之和，即符合公式 a[i][j]=a[i-1][j-1]+a[i-1][j]。

所以，实现本例功能的程序如下：

```
#include "stdio.h"
void main()
{   static int a[6][6];
    int i,j;
    for(i=0;i<6;i++)
    for(j=0;j<6;j++)
      { if(j==0||j==i)
           a[i][j]=1;
        else if(i>j)
           a[i][j]=a[i-1][j-1]+a[i-1][j];}
      for(i=0;i<6;i++)
      { for(j=0;j<6;j++)
          if(i>=j)
             printf("%3d",a[i][j]);
        printf("\n");
      }
}
```

【例题 7】将 10 个学生的姓名按字典顺序排列。

【解析】这是将典型的起泡排序法应用在字符串比较中的题型。本例应注意字符串的比较不能用数组名进行比较。实现本例功能的程序如下：

```
#include "stdio.h"
#include "string.h"
void main()
 {  int i,j;
    char  name[10][9],temp[9];
    printf("请输入 10 个学生的姓名:\n");
    for(i=0;i<10;i++)
      scanf("%s",name[i]);
    for(i=1;i<10;i++)                    /* 外循环控制程序比较 9 轮 */
        for(j=0;j<10-i;j++)              /* 内循环控制程序第 i 轮比较 10-i 次 */
           if( strcmp(name[j],name[j+1])>0)
            {   strcpy(temp,name[j]);          /* 交换两个姓名的次序 */
                strcpy(name[j],name[j+1]);
```

```
            strcpy(name[j+1],temp); }
    for(i=0;i<10;i++)
        printf("%s\n",name[i]);}
```

5.3 习 题

一、选择题

1. 在C语言中，引用数组元素时，其数组下标的数据类型允许是（ ）。
   A．整型常量 B．整型表达式
   C．整型常量或整型表达式 D．任何类型的表达式
2. 若有声明 int a[10];，则对 a 数组元素的正确引用是（ ）。
   A．a[10] B．a[3.5] C．a(5) D．a[10-10]
3. 下列对二维数组 a 的正确声明是（ ）。
   A．int a[3][ ]; B．float a(3,4);
   C．double a[1][4]; D．float a(3)(4);
4. 下列能对一维数组 a 进行正确初始化的语句是（ ）。
   A．int a[10]=(0,0,0,0,0); B．int a[10]={ };
   C．int a[]={0}; D．int a[10]={10…1};
5. 若有声明 int a[3][4];，则对 a 数组元素的正确引用是（ ）。
   A．a[2][4] B．a[1,3] C．a[1+1][0] D．a(2)(1)
6. 若有声明 int a[3][4];，则对 a 数组的非法引用是（ ）。
   A．a[0][2*1] B．a[1][3] C．a[4-2][0] D．a[0][4]
7. 若有声明 int a[3][4]={0};，则下列叙述中正确的是（ ）。
   A．只有元素 a[0][0]可得到初值 0
   B．此声明语句不正确
   C．数组 a 中各元素都可得到初值，但其值不一定为 0
   D．数组 a 中每个元素均可得到初值 0
8. 若有下列语句，则输出结果是（ ）。

```
char  s[12]="a book!";
printf ("%d",strlen(s));
```

   A．12 B．8 C．7 D．6
9. 若有下列语句，则输出结果是（ ）。

```
char  s[10]={ 'A', '\0', 'B', 'C', '\0', 'D'};
printf ("%d",strlen(s));
```

   A．10 B．1 C．2 D．6

10．若有下列语句，则输出结果是（　　）。

```
char  s[]= "\t\v\\\0will\n"
printf ("%d",strlen(s));
```

A．9　　B．10　　C．5　　D．3

11．若有下列语句，则输出结果是（　　）。

```
char  s[]= "\x69\082\n";
printf ("%d",strlen(s));
```

A．3　　B．7　　C．1　　D．5

12．若有声明 int a[ ][3]={1,2,3,4,5,6,7};，则 a 数组第一维的大小是（　　）。

A．2　　B．3　　C．4　　D．无确定值

13．下列不能正确定义二维数组的是（　　）。

A．int a[2][2]={{1},{2}};　　B．int a[][2]={1,2,3,4};

C．int a[2][2]={{1},2,3};　　D．int a[2][]={{1,2},{3,4}};

14．在下列定义语句中，错误的是（　　）。

A．int a[]={1,2};　　B．char a[]={"test"};

C．char s[10]={"test"};　　D．int n=5,a[n];

15．执行以下程序段后，变量 k 中的值为（　　）。

```
int k=3,s[2];s[0]=k; k=s[1]*10;
```

A．不定值　　B．33　　C．30　　D．10

16．以下程序段的输出结果是（　　）。

```
int a,b[5];
a=0; b[0]=3;
printf("%d,%d\n",b[0],b[1]);
```

A．3,0　　B．3　0　　C．0,3　　D．3,不定值

17．以下程序段的输出结果是（　　）。

```
int i,j,a[3][3];
for(i=0;i<3;i++)
for(j=0;j<=i;j++)
a[i][j]=i*j;
printf("%d,%d\n",a[1][2],a[2][1]);
```

A．2,2　　B．不定值,2　　C．2　　D．2,0

18．设有数组定义 char array[]="China";，则数组 array 所占的存储空间为（　　）字节。

A．4　　B．5　　C．6　　D．7

19．设有数组定义 char array[10]= "China";，则数组 array 所占的存储空间为（　　）字节。

A．4　　B．5　　C．6　　D．10

20．已知数组 a[]={10,20,30,40,50}，则执行语句 a[2]++;后 a[1]和 a[2]的值分别是（ ）。

A．20 和 30　　B．20 和 31　　C．21 和 30　　D．21 和 31

21．以下程序段的输出结果是（ ）。

```
char str[5]={'c','h','\0','i','n','a','\0'};
printf("%s",str);
```

A．'c''h'　　B．ch　　C．ch i　　D．china

22．以下程序段的输出结果是（ ）。

```
char p[]={'a', 'b', 'c'},q[10]={ 'a', 'b', 'c'};
printf("%d\n%d ",strlen(p),strlen(q));
```

A．在给 p 和 q 数组置初值时，系统会自动添加字符串结束符，故输出的长度都为 3

B．由于 p 数组中没有字符串结束符，长度不能确定，但 q 数组中字符串长度为 3

C．由于 q 数组中没有字符串结束符，长度不能确定，但 p 数组中字符串长度为 3

D．由于 p 和 q 数组中都没有字符串结束符，故长度都不能确定

23．若有定义语句：int b;char c[10];，则正确的输入语句是（ ）。

A．scanf("%d%s",&b,&c);　　B．scanf("%d%s",&b, c);

C．scanf("%d%s",b, c);　　D．scanf("%d%s",b,&c);

24．以下程序段的输出结果是（ ）。

```
int p[8]={11,12,13,14,15,16,17,18},i=0,j=0;
while(i++<7)
    if(p[i]%2) j+=p[i];
printf("%d\n",j);
```

A．42　　B．45　　C．56　　D．60

25．以下程序段的输出结果是（ ）。

```
char a[7]="a0\0a0\0"; int i,j;
i=sizeof(a); j=strlen(a);
printf("%d %d\n",i,j);
```

A．2 2　　B．7 6　　C．7 2　　D．6 2

26．下列语句中，能正确定义一维数组的是（ ）。

A．int a[5]={0,1,2,3,4,5};　　B．char a[]={0,1,2,3,4,5};

C．char a={'A','B','C'};　　D．int a[5]="0123";

27．下列语句中，不是正确的一维数组定义语句的是（ ）。

A．double x[5]={2.0,4.0,6.0,8.0,10.0};

B．int y[5]={0,1,3,5,7,9};

C．char c1[]={'1', '2', '3', '4', '5'};

D．char c2[]={'\x10', '\xa', '\x8'};

28．下列关于数组的描述错误的是（　　）。

A．对于 double 类型数组，不可以直接用数组名对数组进行整体输入或输出

B．数组名代表的是数组所占存储区的首地址，其值不可改变

C．当程序执行中，数组元素的下标超出所定义的下标范围时，系统将给出“下标越界”的出错信息

D．可以通过赋初值的方式确定数组元素的个数

29．有定义语句 char s[10];，若要从终端为 s 输入 5 个字符，错误的输入语句是（　　）。

A．gets(&s[0]);　　B．scanf("%s",s+1);

C．gets(s);　　D．scanf("%s",s[1]);

30．如定义如下变量和数组：

```
int i;
int x[3][3]={1,2,3,4,5,6,7,8,9};
```

则下面语句的输出结果是（　　）。

```
for(i=0;i<3;i++)  printf("%d",x[i][2-i]);
```

A．159　　B．147　　C．357　　D．369

31．若二维数组 a 有 m 列，则在 a[i][j]前的元素个数为（　　）。

A．j*m+i　　B．i*m+j　　C．i*m+j-1　　D．i*m+j+1

32．下列对一维整型数组 a 的正确声明是（　　）。

A．int a (10)　　B．int n = 10; a[n];

C．int n;
scanf ("%d", &n);
int a [n];

D．#define SIZE 10
int a [SIZE];

33．对以下声明的正确理解是（　　）。

```
int a[10] = {6, 7, 8, 9, 10}
```

A．将 5 个初值依此赋给 a[1]～a[5]　　B．将 5 个初值依此赋给 a[0]～a[4]

C．将 5 个初值依此赋给 a[6]～a[10]　　D．因长度与初值个数不同，故语句错误

34．下列正确的定义语句是（　　）。

A．int a[1][4]={1,2,3,4,5};　　B．float x[3][ ]={{1},{2},{3}};

C．long b[2][3]={{1},{1,2},{1,2,3}};　　D．double y[ ][3]={0};

35．下列关于 s 的初始化不正确的是（　　）。

A．char s[5]={"abc"};　　B．char s[5]={'a','b','c'};

C．char s[5]="";　　D．char s[5]="abcdef";

36．有字符数组 a，b，则下列正确的输入语句是（　　）。

A．gets(a,b);　　B．scanf("%s%s",a,b);

C．scanf("%s%s",&a,&b);　　D．gets("a"),gets("b");

37. 有字符数组 a[80]和 b[80]，则正确的输出语句是（ ）。

A. puts(a,b);　　B. printf("%s,%s",a[],b[]);

C. putchar(a,b);　　D. puts(a),puts(b);

38. 判断字符串 a 和 b 是否相等，应当使用（ ）。

A. if (a= =b)　　B. if (a=b)

C. if (strcpy(a,b))　　D. if (strcmp(a,b))

39. 判断字符串 s1 是否大于字符串 s2，应当使用（ ）。

A. if (s1>s2)　　B. if (strcmp(s1,s2))

C. if (strcmp(s2,s1)>0)　　D. if (strcmp(s1,s2)>0)

40. 下列描述正确的是（ ）。

A. 两个字符串所包含的字符个数相同时，才能比较字符串

B. 字符个数多的字符串比字符个数少的字符串大

C. 字符串"STOP 　"与"STOP"相等

D. 字符串"That"小于字符串"The"

41. 下列关于数组的描述正确的是（ ）。

A. 数组的大小是固定的，但可以有不同的类型的数组元素

B. 数组的大小是可变的，但所有数组元素的类型必须相同

C. 数组的大小是固定的，所有数组元素的类型必须相同

D. 数组的大小是可变的，可以有不同的类型的数组元素

42. 下列正确的定义语句是（ ）。

A. int A[a];　　B. int A[3,4];　　C. int A[ ][3];　　D. int A[10];

43. 下列对字符数组 str 定义和赋值正确的是（ ）。

A. char str[10];
str={"China"};

B. char str[ ]={"China"};

C. char str[10];
strcpy(str,"abcdefghijklmn");

D. char str[10]={"abcdefghijklmn"};

44. 在执行语句 int a[ ][3]={1,2,3,4,5,6};后，a[1][0]的值是（ ）。

A. 4　　B. 1　　C. 2　　D. 5

45. 在执行语句 int a[ ][3]={{1,2},{3,4}};后，a[1][2]的值是（ ）。

A. 3　　B. 4　　C. 0　　D. 2

46. 在执行语句 char str[10]="China\0";后，strlen(str)的值是（ ）。

A. 5　　B. 6　　C. 7　　D. 8

47. 在执行语句 char str[10]="Ch\nina";后，strlen(str)的值是（ ）。

A. 5　　B. 6　　C. 7　　D. 9

48. 当接受用户输入的含空格的字符串时，应使用的函数是（ ）。

A. scanf( )　　B. gets( )　　C. getchar( )　　D. getc( )

49. 以下程序段的输出结果是（ ）。

```
char a[7]="abcdef";
```

```
char b[4]="ABC";
strcpy(a,b);
printf("%c",a[5]);
```

A．空格　　B．\0　　C．e　　D．f

50．对以下两个数组 a 与 b 初始化后，描述正确的是（　　）。

```
char a[]="CHINESE"
char b[]={'C','H','I','N','E','S','E'}
```

A．a 与 b 数组完全相同　　B．a 与 b 长度相同
C．a 与 b 语法错误　　D．a 数组比 b 数组长度长

51．设已定义 char a[10]和 int i，则下列关于输入函数的调用，错误的是（　　）。

A．scanf("%s",a);　　B．for (i=0;i<9;i++)　scanf("%c",a[i]);
C．gets(a);　　D．for (i=0;i<9;i++)　scanf("%c",&a[i]);

52．若有以下声明和语句，则输出结果是（　　）。

```
char s[12]= "abook!";
printf("%.4s",s);
```

A．abook!　　B．aboo
C．abook! □□□□　　D．因格式描述不正确，没有确定的输出

53．若有声明 int a[ ][4]={0,0};，则下列不正确的叙述是（　　）。

A．数组 a 的每一个元素都可得到初值 0
B．二维数组 a 的第一维大小为 1
C．二维数组 a 的第二维大小为 4
D．只有元素 a[0][0]和 a[0][1]可得到初值 0，其余元素均得不到初值 0

54．在定义 int a[5][6];后，第 10 个元素是（　　）。

A．a[2][5]　　B．a[2][4]　　C．a[1][3]　　D．a[1][5]

55．以下程序的输出结果是（　　）。

```
#include "stdio.h"
void main(void)
{ int a[4][4]={{1,3,5},{2,4,6},{3,5,7}};
  printf("%d%d%d%d\n",a[0][3],a[1][2],a[2][1],a[3][0]);  }
```

A．0650　　B．1470　　C．5430　　D．输出值不定

56．下列关于 C 语言字符数组的描述正确的是（　　）。

A．任何一维数组的名称都是该数组存储单元的开始地址，且其每个元素按照顺序连续占存储空间
B．一维数组的元素在引用时其下标大小没有限制
C．任何一个一维数组的元素，可以根据内存的情况按照其先后顺序以连续或非连续的方式占用存储空间

D．一维数组的第一个元素是其下标为 1 的元素

57．以下程序的输出结果是（　　）。

```
#include<stdio.h>
void main()
{   int  s[12]={1,2,3,4,4,3,2,1,1,1,2,3},c[5]={0},i;
    for(i=0;i<12;i++)  c[s[i]]++;
    for(i=1;i<5;i++)
       printf("%d ",c[i]);  printf("\n");  }
```

A．1 2 3 4　　　B．2 3 4 4　　　C．4 3 3 2　　　D．1 1 2 3

二、阅读程序

1．以下程序运行时输入 Language Programming，则其输出结果是________。

```
#include "stdio.h"
void main()
{   char str[30];
    scanf("%s",str);
    printf("str=%s\n",str);
 }
```

2．以下程序运行时输入 Language Programming，则其输出结果是________。

```
#include "stdio.h"
void main()
{   char str[30];
    gets(str);
    printf("str=%s\n",str);
}
```

3．以下程序的输出结果是________。

```
#include "stdio.h"
void main()
{   int i,t,a[10]={1,2,3,4,5,6,7,8,9,10};
    for(i=9;i>=0;i--)
    printf("%4d",a[i]);
}
```

4．以下程序的输出结果是________。

```
#include "stdio.h"
void main()
{   int i,t,a[10]={1,2,3,4,5,6,7,8,9,10};
    int b[10]={1,2,3,4,5,6,7,8,9,10};
```

```
    for(i=0;i<10;i++)
        printf("%4d",a[i]);
    printf("\n");
    t=a[0];
    for(i=0;i<9;i++ )
        a[i]=a[i+1];
    a[9]=t;
    for(i=0;i<10;i++)  printf("%4d",a[i]);
    printf("\n");
    for(i=0;i<10;i++)  printf("%4d",b[i]);
    printf("\n");
    t=b[9];
    for(i=9; i>0; i--)
         b[i]=b[i-1];
    b[0]=t;
    for(i=0;i<10;i++)  printf("%4d",b[i]);
    printf("\n");
}
```

5. 以下程序的输出结果是________。

```
#include "stdio.h"
void main()
{   int a[]={1,2,3,4},i,j,s=0;
    j=1;
    for(i=3;i>=0;i--)
    {   s=s+a[i]*j;
        j=j*10;
    }
    printf("s=%d\n",s);
}
```

6. 以下程序的输出结果是________。

```
#include "stdio.h"
void main()
{   int a[3][3]={1,2,3,4,5,6,7,8,9},i,s=0;
    for(i=0;i<=2;i++)
        s=s+a[i][i];
    printf("s=%d\n",s);
}
```

7. 以下程序的输出结果是________。

```
#include "stdio.h"
```

```
void main()
{   int a[]={2,4,6,8,10};
    int y=1,x;
    for(x=0;x<3;x++)
        y+=a[x+1];
    printf("%d\n",y);
}
```

8．以下程序的输出结果是________。

```
#include "stdio.h"
void main()
{   int a[3][3]={1,2,3,4,5,6,7,8,9},i,s=1;
    for(i=0;i<=2;i++)
         s=s*a[i][i];
    printf("s=%d\n",s);
}
```

9．以下程序的输出结果是________。

```
#include "stdio.h"
void main()
{   int a[10], a1[ ]={1,3,6,9,10}, a2[ ]={2,4,7,8,15},i=0,j=0,k;
    for(k=0;k<4;k++)
        if(a1[i]<a2[j])    a[k]=a1[i++];
        else       a[k]=a2[j++];
    for(k=0;k<4;k++)    printf("%d",a[k]);
}
```

10．以下程序的输出结果是________。

```
#include "stdio.h"
void main()
{   int  y=18,i=0,j,a[8];
    do
    {   a[i]=y%2; i++;
        y=y/2;
    }while(y>=1);
    for(j=i-1;j>=0;j--)  printf("%d",a[j]);
    printf("\n");
}
```

11．以下程序的输出结果是________。

```
#include "stdio.h"
void main()
```

```
{   char str[]={"1a2b3c"};
    int i;
    for(i=0;str[i]!='\0';i++)
        if(str[i]>='0' && str[i]<='9')
             printf("%c",str[i]);
        printf("\n");
}
```

12. 以下程序的输出结果是________。

```
#include "stdio.h"
void main()
{
   int num[10]={10,1,-20,-203,-21,2,-2,-2,11,-21};
   int sum=0,i;
   for(i=0;i<10;i++)
      { if(num[i]>0)
             sum=sum+num[i];
       }
   printf("sum=%6d",sum);
}
```

13. 以下程序的输出结果是________。

```
#include "stdio.h"
void main()
{
   int i,j,row,col,min;
   int a[3][4]={{1,2,3,4},{9,8,7,6},{-1,-2,0,5}};
   min=a[0][0];
   for(i=0;i<3;i++)
       for(j=0;j<4;j++)
          if(a[i][j]<min)
             {min=a[i][j];row=i;col=j;}
   printf("\nmin=%d,row=%d,col=%d\n",min,row,col);
}
```

14. 以下程序的输出结果是________。

```
#include "stdio.h"
void main()
{   int i,j,x=0;
    static int a[8][8];
    for(i=0;i<3;i++)
       for(j=0;j<3;j++)
            a[i][j]=2*i+j;
```

```
    for(i=0;i<8;i++)
        x+=a[i][j];
    printf("%d",x);
}
```

15. 以下程序的输出结果是________。

```
#include "stdio.h"
void main()
{   char s[]="ABCD", *p;
    for(i=1;i<4; i++)
       printf  ("%s\n",s+i)}
```

16. 以下程序的输出结果是________。

```
#include "stdio.h"
void main()
{   int a[10]={1,2,3,4,5,6,7,8,9,10};
    int k,s,i;
    float ave;
    for(k=s=i=0;i<10;i++)
       {   if(a[i]%2==0)  continue;
           s+=a[i];
           k++;
       }
    if(k!=0)
      {   ave=s/k;
          printf("\nThe number is: %d,The average is %f\n",k,ave);
      }
}
```

17. 以下程序的输出结果是________。

```
#include "stdio.h"
void main()
{   int a[6][6],i,j;
    for(i=1;i<6;i++)
         for(j=1;j<6;j++)
              a[i][j]=(i/j)*(j/i);
    for(i=1;i<6;i++)
         {  for(j=1;j<6;j++)
                printf("%2d",a[i][j]);
            printf("\n");}
}
```

18．以下程序的输出结果是________。

```
#include "stdio.h"
void main()
{   char ch[10];
    int i;
    for(i=0;i<10;i++)
       {  ch[i]='A'+i;
          printf( "%c",ch[i]);
       }
}
```

19．以下程序运行时输入 WANG，则其输出结果是________。

```
#include "stdio.h"
void main()
{   char name[30];
    printf("What is you name:");
    scanf("%s",name);
    printf("Hello,%s\n",name);
}
```

20．以下程序的输出结果是________。

```
#include "stdio.h"
void main()
{   int row=5,column=5,i,j;
    int mat[5][5];
    for(i=0;i<row;i++)
      {  for(j=0;j<column;j++)
         {  mat[i][j]=i*row+j;
            printf("%3d",mat[i][j]);
         }
         printf("\n");
      }
}
```

21．以下程序的输出结果是________。

```
#include "stdio.h"
void main()
{   int j,a[6]={1,2};
    for(j=3;j<6;j++)
        a[j]=a[j/2]+a[j%3]-a[j-2];
    for(j=0;j<6;j++)
```

```
        printf("%5d",a[j]);
    printf("\n");
}
```

22. 以下程序的输出结果是________。

```
#include "stdio.h"
void main()
{   char p[]={'a', 'b','c', 'd', '\0'};
    printf("%s\n",p);
}
```

23. 以下程序运行时分别输入we和we、we和ab、ab和we，则其输出结果分别是________。

```
#include "stdio.h"
void main()
{   char s[100],t[100];
    int i,d;
    i=0;
    scanf("%s",s);
    scanf("%s",t);
    while(s[i]==t[i]&&s[i]!='\0')
        i++;
    d= s[i]-t[i];
    printf("%d",d);
}
```

24. 以下程序的输出结果是________。

```
#include "stdio.h"
void main()
{   int i=0;
    char c,s[]="SABC";
    while(c=s[i])
     {
       switch(c)
         {
           case 'A':i++;break;
           case 'B':++i;
           default:putchar(c);i++;
         }
       putchar('*');
     }
}
```

25．以下程序的输出结果是________。

```
#include "stdio.h"
void main()
{   int b[3][3]={0,1,2,0,1,2,0,1,2},i,j,t=1;
    for(i=0;i<3;i++)
        for(j=0;j<=i;j++)
              t=t+b[i][b[j][j]];
    printf("%d\n",t);
}
```

26．以下程序的输出结果是________。

```
#include "stdio.h"
void main()
{   char  ch[7]={"65ab21"};
    int  i,s=0;
    for(i=0;ch[i]>='0'&&ch[i]<='9';i+=2)
         s=10*s+ch[i]- '0';
    printf("%d\n",s);
}
```

27．以下程序的输出结果是________。

```
#include "stdio.h"
#define  N   5
void  main()
{   int  a[N]={1,2,3,4,5},i,temp;
    for(i=0;i<N/2;i++)
    {    temp=a[i]; a[i]=a[N-i-1]; a[N-i-1]=temp;}
    printf("\n");
    for(i=0;i<N;i++)  printf("%d ", a[i]);
}
```

28．以下程序的输出结果是________。

```
#include "stdio.h"
#include "string.h"
void main()
{   char ch[]="abc",x[3][4]; int i;
    for(i=0;i<3;i++) strcpy(x[i],ch);
    for(i=0;i<3;i++) printf("%s",&x[i][i]);
    printf("\n");
}
```

29．以下程序的输出结果是________。

```
#include<stdio.h>
```

```
void main()
{   char a[5][10]={"one","two","three","four","five"};
    int i,j;
    char t;
    for(i=0;i<4;i++)
       for(j=i+1;j<5;j++)
          if(a[i][0]>a[j][0])
             { t=a[i][0];a[i][0]=a[j][0];a[j][0]=t;}
   puts(a[1]);
}
```

30. 以下程序的输出结果是________。

```
#include<stdio.h>
void main()
{    int  s[12]={1,2,3,4,4,3,2,1,1,1,2,3},c[5]={0},i;
     for(i=0;i<12;i++)  c[s[i]]++;
     for(i=1;i<5;i++)  printf("%d ",c[i]);
}
```

三、完善程序

1. 设数组a中的元素均为正整数，以下程序的功能是求a中偶数的个数和偶数的平均值。

```
#include "stdio.h"
void main()
{   int a[10]={1,2,3,4,5,6,7,8,9,10};
    int k,s,i;
    float ave;
    for(k=s=i=0;i<10;i++)
     {   if (a[i]%2!=0)    【1】;
         s+=【2】;
         k++;}
    if(k!=0)
     {   ave=s/k;
         printf("%d,%f\n",k,ave);}
}
```

2. 以下程序的功能是以每行4个数据的形式输出a数组。

```
#include "stdio.h"
#define N 20
void main()
{   int a[N],i;
    for (i=0;i<N;i++)
```

```
        scanf("%d", 【1】);
    for(i=0;i<N;i++)
    {  if(【2】 )  【3】
       printf("%3d",a[i]);
     }
    printf("\n");
}
```

3. 以下程序的功能是求出矩阵 a 的主对角线上的元素之和。

```
#include "stdio.h"
void main()
{   int a[3][3]={1,3,5,7,9,11,13,15,17},sum=0,i,j;
    for(i=0;i<3;i++)
       for(j=0;j<3;j++)
           if(【1】 ) sum=sum+【2】;
    printf("sum=%d\n",sum);
}
```

4. 以下程序的功能是求出矩阵 a 的两条对角线上的元素之和。

```
#include "stdio.h"
void main()
{   int a[3][3]={1,3,5,7,9,11,13,15,17},sum1=0,sum2=0,i,j;
    for(i=0;i<3;i++)
        for(j=0;j<3;j++)
            if(i==j)  sum1=sum1+a[i][j];
    for(i=0;i<3;i++)
        for(【1】; 【2】;j--)
            if((i+j)==2)  sum2=sum2+a[i][j];
    printf("sum1=%d,sum2=%d\n",sum1,sum2);
}
```

5. 以下程序的功能是输出数组右上半三角元素，输出形式如下：

```
1  2  3  4
   6  7  8
     11 12
        16
```

```
#include "stdio.h"
void main()
{   int num[4][4]={{1,2,3,4},{5,6,7,8},{9,10,11,12},{13,14,15,16}},i,j;
    for(i=0;i<4;i++)
      {   for(j=0;j<=i;j++)  printf("%4c",' ');
```

```
        for(j=【1】;j<4;j++)  printf("%4d",num[i][j]);
        printf("\n");
    }
}
```

6．以下面程序的功能是将二维数组 a 的行和列元素互换后存到另一个二维数组 b 中。

```
#include "stdio.h"
void main()
{   int a[2][3]={{1,2,3},{4,5,6}};
    int b[3][2],i,j;
    printf("array a:\n");
    for(i=0;i<=1;i++)
      { for(j=0; 【1】;j++)
        { printf("%5d",a[i][j]);
          【2】;
        }
        printf("\n");}
    printf("array b:\n");
    for(i=0; 【3】;i++)
    { for(j=0;j<=1;j++)
          printf("%5d",b[i][j]);
      printf("\n");
    }
}
```

7．设数组 a 包含 10 个整型元素。以下程序的功能是求出 a 中各相邻两个元素的和，并将这些和存在数组 b 中，以每行 3 个元素的形式输出。

```
#include "stdio.h"
void main()
 {  int a[10],b[10],i;
    for(i=0;i<10;i++)
      scanf("%d",&a[i]);
    for(【1】;i<10;i++)
      【2】
    for(i=1;i<10;i++)
      {   printf("%3d",b[i]);
          if(【3】==0)  printf("\n");
      }
 }
```

8．以下程序的功能是将十进制整数转换成 r 进制。

```
#include "stdio.h"
```

```
void main()
{   int i=0,base,n,j,num[20];
    printf("Enter data that will be converted\n");
    scanf("%d",&n);
    printf("Enter base\n");
    scanf("%d",&base);
    do
      {   i++;
          num[i]=n【1】base;
          n=n【2】base;
      }while (n!=0);
    printf("The data has been converted into the %d--base data:\n",base);
    for(【3】)
        printf("%d",num[j]);
}
```

9. 以下程序的功能是求数组 num 中小于零的数据之和。

```
#include "stdio.h"
void main()
{   int num[10]={10,111,-23,-1203,-21,2,-20,-3,11,-21};
    int sum=0,i;
    for(i=0;i<10;i++)
       {   if(【1】)
          sum=【2】;
       }
    printf("\nsum=%6d",sum);
}
```

10. 以下程序的功能是数组中已存在互不相同的 10 个整数，从键盘输入一个整数，输出与该值相同的数组元素下标。

```
#include "stdio.h"
void main()
{   int i,x,k= -1,a[10]={1,2,3,4,5,6,7,8,9,10};
    printf("Input x:");   scanf("%d",&x);
    for(i=0; i<10; i++ )   printf("%4d",a[i]);
    printf("\n");
    for(i=0; i<10; i++ )
         if (【1】)  k=i;
    if(【2】)   printf("下标值=%d\n",k);
    else   printf("没找到 %d\n",x);
}
```

11. 以下程序的功能是将从键盘上输入的两个字符串进行比较，然后输出两个字符串中第一个不相同字符的 ASCII 码之差。

```
#include "stdio.h"
void main()
{   char str1[100],str2[100],c;
    int i,s;
    printf("\n input string 1:\n"); gets(str1);
    printf("\n input string 2:\n"); gets(str2);
    i=0;
    while((str1[i]==str2[i]&&(str1[i]!=【1】)
        i++;
    s=【2】;
    printf("%d\n",s);
}
```

12. 以下程序的功能是将字符串 a 中下标值为偶数的元素由小到大排序，其他元素不变。

```
#include "stdio.h"
void main()
{   char a[]="labchmfye",t;
    int i,j;
    for(i=1;i<=7;i+=2)
       for(j=i+2;j<9; 【1】)
          if(【2】)
          {   t=a[i];
              a[i]=a[j];
              a[j]=t;
          }
    puts(a);
    printf("\n");
}
```

13. 以下程序的功能是在 3 个字符串中找出最小的字符串。

```
#include "stdio.h"
#include<string.h>
void main()
{   char s[20],str[3][20];
    int i;
    for(i=0;i<3;i++)
       gets(str[i]);
    strcpy(s, 【1】);
    if(strcmp(str[2],s)<0)
       strcpy(s,str[2]);
```

```
    printf("%s\n",【2】);
}
```

14. 以下程序的功能是分别在 a 数组和 b 数组中放入 an+1 和 bn+1 个由小到大的有序数，将两个数组中的数按由小到大的顺序归并到 c 数组中。

```
#include "stdio.h"
void main()
{   int  a[10]={1,2,5,8,9,10}, an=5,b[10]={1,3,4,8,12,18},bn=5;
    int  i,j,k,c[20],max=9999;
    a[an+1]=b[bn+1]=max;
    i=j=k=0;
    while((a[i]!=max)||(b[j]!=max))
           if(a[i]<b[j])  {c[k]=【1】;   k++;   【2】;}
           else           {c[k]=【3】;   k++;   j++;}
    for(i=0;i<k;i++)  printf("%4d",c[i]); printf("\n");
}
```

15. 假设当年产值为 100，工业产值的增长率分别为 6%、8%、10%、12%时，求工业产值分别经过多少年可实现翻番。

```
#include "stdio.h"
void main()
{   int y[4],i;
    float s[4]={100,100,100,100},c[4]={.06,.08,.10,.12};
    for(i=0;i<4;i++)
    {   y[i]=0;
        while(  【1】   )
              {s[i]=s[i]*(1+c[i]);【2】 ; }
        printf("\ny=%d\ts=%.2f\tc=%.2f",y[i],s[i],c[i]);
    }
}
```

四、改错

1. 以下程序的功能是将矩阵转置。

```
#include "stdio.h"
void main()
{   int a[2][3]={{1,2,3},{4,5,6}};
    int b[3][2],i,j;
    printf("array a:\n");
    for(i=0;i<=1;i++)
        {for(j=0;j<=2;j++)
          {   printf("%5d",a[i][j]);
```

```
        /******************ERROR********************/
              b[i][j]=a[i][j];}
    printf("\n");}
    printf("array b:\n");
    for(i=0;i<=2;i++)
        {for(j=0;j<=1;j++)
              printf("%5d",b[i][j]);
    printf("\n");}
}
```

错误________________

改正________________

2．输出数组元素。

```
#include "stdio.h"
void main()
{/******************ERROR********************/
     int a[3][]={1,2,3,4,5,6};
     int k;
     int j;
     for(k=0;k<3;k++)
        {  for(j=0;j<2;j++)
              printf("%d ",a[k][j]);
           printf("\n");}
}
```

错误________________

改正________________

3．将字符数组中下标值为偶数的元素由小到大排序，其他元素不变。

```
#include "stdio.h"
void main()
{   char a[]="labchmfye",t;
    int k,j;
    for(k=0;k<7;k+=2)
    /******************ERROR********************/
      for(j=k+1;j<9;j++)
         if(a[k]>a[j])
            {t=a[k];a[k]=a[j];a[j]=t;}
    puts(a);
    printf("\n");}
```

错误________________

改正________________

4. 逐个比较 a、b 两个字符串对应位置中的字符，把 ASCII 值大或相等的字符依次存放到 c 数组中，形成一个新的字符串。

```
#include "stdio.h"
#include<string.h>
void main()
{   char a[10]="aBCDeFgH",b[10]="ABcd",c[80]={'\0'};
/******************ERROR********************/
    int k=1;
    int i=0,j=0;
/******************ERROR********************/
    while(a[i] != b[j])
    {     if(a[i]< b[j])
             c[k]= b[j];
          else
             c[k]= a[i];
          if(a[i])
            i++;
          if(b[j])
            j++;
          k++;    }
    printf("The string a:");
    puts(a);
    printf("The string b:");
    puts(b);
    printf("The result:");
    puts(c);
}
```

错误________________

改正________________

错误________________

改正________________

5. 依次取出字符串中所有数字字符，形成新的字符串，并取代原字符串。

```
#include "stdio.h"
void main()
{   char item[80];
    int i,j;
    printf("\nEnter a string :");
    gets(item);
    printf("\n\nThe string is : \%s\n",item);
```

```
   for(i=0,j=0; item [i]!='\0';i++)
         if(item [i]>='0' && item [i]<='9')
/******************ERROR********************/
            item [j]= item [i];
/******************ERROR********************/
   item [j]="\0";
   printf("\n\nThe string of changing is : \%s\n",item);
}
```

错误______________

改正______________

错误______________

改正______________

五、编程题

1．编写一个复制字符串的程序（不要用 strcpy 函数）。

2．用选择法对 10 个整数由小到大排序。

3．求一个 3×3 矩阵对角线元素之和。

4．编写一个将两个字符串合并成一个字符串的程序。

5．编写一个计算字符串长度的程序。

6．编写一个程序计算两个 3×4 阶矩阵相加，并输出结果。

7．将一个数组中的值按逆序重新存放。例如，原来顺序为 8、6、5、4、1，要求改为 1、4、5、6、8。

8．编写一个求一个字符在字符串中位置的程序。

9．输入一行文字，统计其中大写字母、小写字母、空格、数字及其他字符的个数。

10．输入若干学生的成绩（用负数结束输入），计算其平均成绩，并统计不低于平均分的学生人数。

11．输入一个字符串，统计其中单词个数。单词之间用空格隔开。

12．使用程序生成如下方阵：

```
1 0 0 0 1
0 1 0 1 0
0 0 1 0 0
0 1 0 1 0
1 0 0 0 1
```

13．9 个人的成绩存放在 score 数组中，输出低于平均分的人数，并将低于平均分的分数放在 below 所指的数组中。

例如，当 score 数组中的数据为 10、20、30、40、50、60、70、80、90 时，输出低于平均分的人数 4，而 below 中的数据应为 10、20、30、40。

14. 编一程序完成以下功能：定义一个含有30个整型元素的数组，按顺序分别赋予从2开始的偶数；然后按顺序每5个数求出一个平均值，放在另一数组中并输出。

5.4 习题参考答案

一、选择题

1. C	2. D	3. C	4. C	5. C	6. D	7. D	8. C	9. B	10. D
11. C	12. B	13. D	14. D	15. A	16. D	17. B	18. C	19. D	20. B
21. B	22. B	23. B	24. B	25. C	26. D	27. B	28. C	29. D	30. C
31. B	32. D	33. B	34. D	35. D	36. B	37. D	38. D	39. D	40. D
41. C	42. D	43. B	44. A	45. C	46. A	47. B	48. B	49. D	50. D
51. B	52. B	53. D	54. C	55. A	56. A	57. C			

二、阅读程序

1. str=Language

2. str=Language Programming

3.
```
10   9   8   7   6   5   4   3   2   1
```

4.
```
1    2   3   4   5   6   7   8   9   10
2    3   4   5   6   7   8   9   10  1
1    2   3   4   5   6   7   8   9   10
10   1   2   3   4   5   6   7   8   9
```

5. s=1234

6. s=15

7. 19

8. s=45

9. 1234

10. 10010

11. 123

12. sun=   24   （说明：计算数组num中大于零的数据之和）

13. min=−2,row=2,col=1

14. 0

15.
```
BCD
CD
D
```

16. The number is: 5,The average is 5.000000

17. 1 0 0 0 0
    0 1 0 0 0
    0 0 1 0 0
    0 0 0 1 0
    0 0 0 0 1
18. ABCDEFGHIJ
19. What is you name:WANG
    Hello,WANG
20. 0 1 2 3 4
    5 6 7 8 9
    10 11 12 13 14
    15 16 17 18 19
    20 21 22 23 24
21. 1 2 0 1 2 −1
22. abcd
23. 输入 we 和 we，输出 0
    输入 we 和 ab，输出 22
    输入 ab 和 we，输出−22
24. S**B*
25. 5
26. 6
27. 5 4 3 2 1
28. abcbcc
29. fwo
30. 4 3 3 2

三、完善程序

1. 【1】continue 【2】a[i]
2. 【1】&a[i] 【2】i%4==0 【3】printf("\n");
3. 【1】i==j 【2】a[i][j]
4. 【1】j=2 【2】j>=0
5. 【1】i
6. 【1】j<=2 【2】b[j][i]=a[i][j] 【3】i<=2
7. 【1】i=1 【2】b[i]=a[i−1]+a[i]; 【3】i%3
8. 【1】% 【2】/ 【3】j=i;j>=1;j−−
9. 【1】num[i]<0 【2】sum+num[i]
10. 【1】x==a[i] 【2】k!=−1
11. 【1】'\0' 【2】str1[i]−str2[i]

12. 【1】j+=2 【2】a[i]>a[j]
13. 【1】(strcmp(str[0],str[1])<0?str[0]:str[1]) 【2】s
14. 【1】a[i] 【2】i++或++i 【3】b[j]
15. 【1】s[i]<200 【2】y[i]++或 y[i]=y[i]+1

四、改错

1. 错误 b[i][j]=a[i][j];
   改正 b[j][i]=a[i][j];
2. 错误 {int a[3][]={1,2,3,4,5,6};
   改正 {int a[3][2]={1,2,3,4,5,6};
3. 错误 for(j=k+1;j<9;j++)
   改正 for(j=k+2;j<9;j+=2)
4. 错误 k=1
   改正 k=0
   错误 while(a[i] != b[j])
   改正 while(a[i]!='\0' || b[j] !='\0')
5. 错误 item [j]= item [i];
   改正 item [j++]= item [i];
   错误 item [j]="\0";
   改正 item [j]='\0';

五、编程题

1. 依题意，用 for 循环语句逐个字符地进行复制即可。

参考程序：

```
#include "stdio.h"
 void main()
 {   int i;
     char s1[20],s2[20];
     printf("String1:");
     gets(s1);
     for(i=0;s2[i]=s1[i];i++)
                   ;      /* 循环体为空语句 */
     printf(" String2:%s\n",s2);
 }
```

2. 参考程序：

```
#include "stdio.h"
void main()
{   int i,j,min,temp,a[11];
```

```
    printf("Enter data:\n");
    for (i=1;i<=10;i++)
      scanf("%d",&a[i]);  /*  输入 10 个数  */
    printf("\n");
    for(i=1;i<=10;i++)
      printf("%5d",a[i]); /*  输出 10 个数  */
    printf("\n");
    for(i=1;i<=9;i++)     /*  以下 8 行是对 10 个数进行排序  */
       { min=i;
          for(j=i+1;j<=10;j++)
              if(a[min]>a[j])  min=j;
          temp=a[i];      /*  以下 3 行将 a[i+1]~a[10]中最小者与 a[i]对换  */
          a[i]=a[min];
          a[min]=temp;
        }
    printf("\nThe sorted numbers:\n");
      for(i=1;i<=10;i++) /*  输出已排好序的 10 个数  */
        printf("%5d",a[i]);
}
```

3．参考程序：

```
#include "stdio.h"
void main()
{   int a[3][3],sum=0;
    int i,j;
    printf("\nEnter data:\n");
    for(i=0;i<3;i++)
       for(j=0;j<3;j++)
           scanf("%d",&a[i][j]);
    for(i=0;i<3;i++)
       sum=sum+a[i][i];
    printf("sum=%5d",sum);
}
```

运行结果：

```
Enter data:
1 2 3 4 5 6 7 8 9 ↙
sum=   15
```

4．参考程序：

```
#include "stdio.h"
void main()
{   char s1[20],s2[20],s3[40];
```

```
    int i=0,j=0;
    printf("\n string1:");
    gets(s1);
    printf("\n string2:");
    gets(s2);
    for(i=0;s1[i]!='\0';i++)
         s3[i]=s1[i];
    for(j=0;s2[j]!='\0';j++)
         s3[i+j]=s2[j];
    s3[i+j]='\0';
    printf("Append String:%s\n",s3);
}
```

5. 参考程序:

```
#include "stdio.h"
void main()
{   int i=0;
    char str[30];
    printf("String:");
    gets(str);
    while(str[i]!='\0')
      i=i+1;
    printf("length=%d\n",i);
}
```

结果举例:

```
String:this is my brother.
length=19
```

6. 依题意，使用两个二维数组 a 和 b 存储两个 3×4 阶矩阵的元素值，然后用两个 for 循环进行相加求值产生二维数组 c，最后显示 c 的各个元素值。

参考程序:

```
#include "stdio.h"
void main()
{   int a[3][4]={{3,-2,1,2},{0,1,3,-2},{3,1,0,4}};
    int b[3][4]={{2,3,0,-1},{1,0,6,3},{9,0,1,4}};
    int i,j,c[3][4];
    for(i=0;i<3;i++)
       for(j=0;j<4;j++)
          c[i][j]=a[i][j]+b[i][j];
    for(i=0;i<3;i++)
     {
```

```
        for(j=0;j<4;j++)
          printf("%4d",c[i][j]);
        printf("\n");
      }
  }
```

7. 参考程序：

```
#include "stdio.h"
void main()
{   int a[5],i,temp;
    printf("Enter array a:\n");
    for(i=0;i<5;i++)
       scanf("%d",&a[i]);
    printf("array a:\n");
    for(i=0;i<5;i++)
        printf("%4d",a[i]);
    printf("\n");
    for(i=0;i<5/2;i++)
       {  temp=a[i];
          a[i]=a[5-i-1];
          a[5-i-1]=temp;
       }
      printf("\nThe sorted numbers:\n");
      for(i=0;i<5;i++)
         printf("%4d",a[i]);
    printf("\n");
}
```

8. 程序如下：

```
#include "stdio.h"
void main()
{   char s1[20],ch;
    int i;
    printf("String:");
    gets(s1);
    printf("Character:");
    scanf("%c",&ch);
    for(i=0;(s1[i]!=ch);i++);
       i=i+1;
    if(i>=20) i=0;
    printf("Index:%d\n",i);         /* 输出结果为 0 表示字符不在此字符串中 */
}
```

运行结果举例：

```
String:abcdedg
Character:d
Index:4
```

9. 参考程序：

```
#include "stdio.h"
void main()
{   int i,up=0,low=0,space=0,digit=0,other=0;
    char str[60];
    gets(str);
    for(i=0;str[i]!='\0';i++)
    { if((str[i]>='A') && (str[i]<='Z'))
          up++;
      else if((str[i]>='a') && (str[i]<='z'))
              low++;
           else if(str[i]==' ')
                   space++;
                else if((str[i]<='9')&&(str[i]>='0'))
                   digit++;
                    else   other++;   }
    printf("up=%d  low=%d  space=%d",up,low,space);
    printf("  digit=%d  other=%d",digit,other);
}
```

10. 参考程序：

```
#include "stdio.h"
#define N 40
void main()
{   int i,n=0,count=0;
    float score,total=0,a[N],ave;
    printf("Input data:");   scanf("%f",&score);
    while( score>=0 )
    {   a[n]=score;
        n++;
        total=total+score;
        scanf("%f",&score);
    }
    ave=total/n;
    for( i=0;i<n;i++ )
        if( a[i]>=ave )  count++;
    printf("ave=%f,count=%d\n",ave,count);
}
```

11. 参考程序:

```
#include "stdio.h"
void main()
{   char  a[80];  int i=0,  count=0;
    gets(a);
    while( a[i]==' ' )    i++;
    if( a[i] != '\0' )    count++;
    while( a[i] != '\0' )
     {  if(a[i]== '  ' &&  a[i+1]!= '  '&& a[i+1]!='\0' )
           count++;
        i++;
     }
    printf("%s: %d Words\n",a,count);
}
```

12. 参考程序:

```
#include"stdio.h"
void main()
{   int  a[5][5],i,j;
    for(i=0;i<5;i++)
        for(j=0;j<5;j++)
            if(i==j||i+j==4)
                a[i][j]=1;
            else
                a[i][j]=0;
    for(i=0;i<5;i++)
        {   for(j=0;j<5;j++)
                printf("%2d",a[i][j]);
                putchar('\n');
        }
}
```

13. 参考程序:

```
#include "stdio.h"
void main()
{   int i,below[9];
    int sum=0,ave,count=0;
    int score[9]={10,20,30,40,50,60,70,80,90};
    for(i=0;i<9;i++)
      sum+=score[i];
    ave=sum/9;
    for(i=0;i<9;i++)
```

```
        if(score[i]<ave)
        {
            below[count]=score[i];
            count++;
        }
        printf("Below the average score number %d\n",count);
        printf("\nBelow the average score are:");
        for(i=0;i<count;i++)
            printf("%d ",below[i]);
}
```

14. 参考程序：

```
#include "stdio.h"
void main()
{   int a[30],b[6], sum=0,k,j=0;
    for(k=0;k<30;k++)
       a[k]=(k+1)*2;
    for(k=0;k<30;k++)
       if(k%5==0)  {b[j]=sum/5;j++;sum=0; }
       else sum=sum+a[k];
    for(j=0;j<6;j++)
       printf("%4d",b[j]);  }
```

第6章 函 数

6.1 知识要点

1. 函数的定义

C语言中函数定义的一般形式如下：

```
数据类型  函数名(形参说明表)              /*   函数首部  */
{                                        /*   函数体  */
    声明语句序列;
    执行语句序列;
}
```

2. 函数的参数及返回值

形式参数：定义函数时所用的函数，简称“形参”。
实际参数：调用函数时所用的参数，简称“实参”。
函数的返回值：函数被调用、执行完成后返回主调函数的值。

3. 函数的调用

函数调用的一般形式如下：

```
函数名(实参表列);
```

说明：

1）在调用函数时，函数名后括号中的多个实参之间用逗号分隔。如果调用无参函数，则实参表为空，但函数名后的括号不能省略。

2）实参与形参个数必须相等，对应的类型要一致，顺序要对应。

4. 函数声明

函数声明：主调函数调用某函数之前对被调函数进行的说明称为函数声明。
函数声明的形式主要有两种：

```
函数类型 函数名(参数类型1,参数类型2,…);
函数类型 函数名(参数类型1  参数名1,参数类型2  参数名2,…);
```

5. 函数的嵌套调用

函数的嵌套调用：在某一个函数执行过程中，又可以对另一个函数进行调用，即函数在执行过程中，不是执行完一个函数再去执行另一个函数，而是可以在任何需要的时候对其他函数进行调用。

6. 函数的递归调用

函数的递归调用：在函数的执行过程中又直接或间接地调用该函数本身，有直接递归调用和间接递归用两种。

直接递归调用：在函数中直接调用函数本身。

间接递归调用：在函数中调用其他函数，其他函数又调用原函数。

函数的递归调用如图 1.6.1 所示。

```
f( )            a( )            b( )
{ ……            { ……            { ……
  调用 f( )        调用 b( )        调用 a( )
}               }               }
```

图 1.6.1 函数的递归调用

7. 变量的作用域

变量的作用域：当程序中有多个函数时，定义的每个变量只能在一定的范围内访问。

按作用域划分，变量可分为局部变量和全局变量。

（1）局部变量

在一个函数内部定义的变量或复合语句内定义的变量称为局部变量。局部变量的作用域仅限于定义它的函数或复合语句中，任意一个函数都不能访问其他函数中定义的局部变量。

（2）全局变量

在所有函数（包括 main 函数）外定义的变量即为全局变量。全局变量的作用域是从定义的位置开始到本源文件结束。对于全局变量，如果在定义时不进行初始化，则系统将自动赋予其初值，对数值型赋 0，对字符型赋空'\0'。

8. 变量的存储类型

- auto 局部变量：默认类型。
- static 局部变量：这种变量的值在函数调用结束后不会消失，而是保留原值。在下一次调用该函数时，该变量已有值。
- register 局部变量：也是自动变量，这种变量在运行期间有可能将值保存在 CPU 的寄存器中，以提高速度。
- static 全局变量：静态全局变量只限于本编译单位使用，不能被其他编译单位引用。
- extern 全局变量：允许其他编译单位引用的全局变量。

9. 内部函数和外部函数

C 语言中根据函数能否被其他源文件调用，可以将函数分为内部函数和外部函数。

内部函数：所定义的函数只能被本源文件中的函数调用。

定义内部函数的一般形式如下：

```
static 类型说明符　函数名(形参表)
```

外部函数：在整个源文件中都有效，用关键字 extern 来表示。

6.2 典型例题与分析

【例题 1】下列关于 C 语言函数的描述，正确的是（　　）。

A．函数的定义可以嵌套，但函数的调用不可以嵌套

B．函数的定义不可以嵌套，但函数的调用可以嵌套

C．函数的定义和函数的调用均不可以嵌套

D．函数的定义和函数的调用均可以嵌套

【解析】选 B。C 语言规定，所有函数的定义都应是独立的，不允许在一个函数内定义另一个函数。而函数的嵌套调用是 C 语言中正常的使用方法。所以 B 项是正确答案。

【例题 2】以下程序段正确的是（　　）。

A．
```
#include<math.h>
void main( )
{
   int i,j;
   cos(i)=j;
}
```

B．
```
#include<stdio.h>;
void main( )
{
   ……
}
```

C．
```
include<stdio.h>
void main( )
{
   int i,j;
   ……
}
```

D．
```
#include<stdio.h>
void main( )
{
   ……
}
```

【解析】选 D。A 项在调用库函数 cos 时，将它放在赋值号的左边，是错误的。B 项中在第一行使用 include 命令时，最后放了一个分号，不符合 C 语言的语法规则。C 项在使用 include 命令时，开头缺少一个“#”号，不正确。D 项是正确的。

【例题 3】在 C 语言程序中，若对函数类型未加显式声明，则函数的隐含类型为（　　）类型。

A．void　　　　B．double

C．int　　　　D．char

【解析】选 C。C 语言规定，未加类型说明的函数，其类型为 int 型（整型），其存储类型为 extern 型（外部）。因此 C 项是正确的。

【例题 4】以下函数的类型是（　　）。

```
y(float x)
{
  printf("%d\n",x*x);
}
```

A．void 型　　B．与参数 x 的类型相同
C．int 型　　D．无法确定

【解析】选 C。C 语言规定，未加类型说明的函数，其类型为 int 型（整型），因此，此函数应该是 int 型的函数，选项 C 是正确的。

【例题 5】C 语言可执行程序的开始执行点是（　　）。

A．程序中第一条可执行语句　　B．程序中第一个函数
C．程序中的 main 函数　　D．包含文件中的第一个函数

【解析】选 C。C 语言规定，程序总是从 main 函数开始执行而不论 main 函数在什么位置上。所以正确的答案是 C。

【例题 6】以下函数调用语句中含有的实参个数为（　　）。

```
excc((v1,v2),(v3,v4,v5),v6);
```

A．3　　B．4
C．5　　D．6

【解析】选 A。在 C 语言中，函数调用的一般形式如下：

```
函数名(实参 1,实参 2,…);
```

其中的实参可以是常量、变量或表达式。本例中内层括号括起的是逗号表达式。因此该函数调用语句中含有 3 个实参：两个逗号表达式、一个变量。所以正确答案是 A。

【例题 7】以下程序的输出结果是（　　）。

```
#include "stdio.h"
func(int a,int b,int c)
 { c=a*b;   }
 main()
 {    int c;
      func(2,3,c);
      printf("\n%d\n",c); }
```

A．0　　B．1
C．6　　D．不确定

【解析】选 D。此例中的 func 函数是 int 型的函数，在 main 函数中调用 func 函数并不能改变 main 函数中任何变量的值。注意，这里 main 函数中并没有给变量 c 赋初值，所以，

虽然调用了 func 函数，但是该函数并不改变调用它的函数中的变量的值，所以变量 c 的值仍是不确定的。因此用 printf 语句输出的值是不能确定的。所以 D 项是正确的。

【例题 8】以下程序的输出结果是（　　）。

```
#include "stdio.h"
int fun(int n)
{   int s;
    if((n==1)||(n==2))  s=2;
    else  s=n+fun(n-1);
    return s;}
main()
{   printf("%5d\n",fun(4));  }
```

A. 7　　　　B. 8

C. 9　　　　D. 10

【解析】选 C。函数递归调用是一种常用的方法。程序在 n==1 或 n==2 时是出口条件，结束递归；否则一直执行 s=n+fun(n−1)的操作。展开该求和公式，则 s=4+fun(3)=4+3+fun(2)=4+3+2=9。

如果调用函数 fun 的实参不小于 2，出口条件 n==1 的判定就不需要了。因此 C 项是正确的。

【例题 9】以下程序的输出结果是（　　）。

```
#include "stdio.h"
int fun(int x)
{   int p;
    if((x==0)||(x==1))
       return 3;
    else
       p=x-fun(x-2);
       return p;   }
void main()
{   printf("\n%d",fun(9));  }
```

A. 7　　B. 8　　C. 9　　D. 10

【解析】选 A。函数递归调用是一种常用的方法。在程序中，调用函数的实参是 9，不满足出口条件 x==0 或 x==1，故执行 p=9−fun(7)=9−(7−fun(5))=9−(7−(5−fun(3)))=9−(7−(5−(3−fun(1))))。

由 fun(1)=3 知 p=7。因此 A 项是正确答案。

【例题 10】使用寄存器变量输出 1～5 的阶乘。

【解析】实现本例功能的程序如下：

```
#include "stdio.h"
```

```
int fac(int n)
{   register int i,f=1;
    for(i=1;i<=n;i++)
       f=f*i;
    return(f);
}
void main()
{   int i;
    for(i=1;i<=5;i++)
        printf("%d!=%d\n",i,fac(i));
}
```

在本例程序中，变量 i 和变量 f 使用频繁，系统存储变量的值要花费不少时间，因为寄存器的存取速度要远大于内存的存取速度，将它们定义为寄存器变量，将会节省存取时间，提高程序的执行效率。

【例题 11】使用自动变量，当全局变量和局部变量重名时，全局变量在局部变量作用范围内会暂时失效。本例使用公式法调用函数解方程。

【解析】实现本例功能的程序如下：

```
#include "stdio.h"
#include "math.h"
float x1,x2;
void fun(float a,float b,float c)
{   if(b*b-4*a*c<0)
      {printf("no real result\n");
       exit(0);}
    x1=(-b+sqrt(b*b-4*a*c))/(2*a);
    x2=(-b-sqrt(b*b-4*a*c))/(2*a);
    printf("\nx1=%f,x2=%f\n",x1,x2);
}
void main()
{   float x1,x2,x3;
    printf("\nA*X*X+B*X+C=0");
    printf("\nplease input the numbers of A, B and C\n");
    scanf("%f%f%f",&x1,&x2,&x3);
    fun(x1,x2,x3);
}
```

main 函数将一元二次方程的二次项系数、一次项系数和常数项输入并传递给求根函数 fun；因为在 main 函数内部定义了名称为 x1、x2、x3 的局部变量，所以程序第二行定义的全局变量 x1、x2 在 main 函数内部失效。程序要在第一行加入#include "math.h"，因为在 fun 函数中使用了 sqrt 函数。

6.3 习 题

一、选择题

1. 以下对 C 语言函数的描述中，正确的是（ ）。
   A．C 程序必须由一个或一个以上的函数组成
   B．C 函数既可以嵌套定义又可以递归调用
   C．函数必须有返回值，否则不能使用函数
   D．C 程序中有调用关系的所有函数必须放在同一个程序文件中
2. 下列说法正确的是（ ）。
   A．实参和与其对应的形参各占用独立的存储单元
   B．实参和与其对应的形参共享一个存储单元
   C．只有当形参和与其对应的实参同名时才共享存储单元
   D．形参是虚拟的，不占用存储单元
3. 下列说法不正确的是（ ）。
   A．在函数中，通过 return 语句传回函数值
   B．在函数中，可以有多条 return 语句
   C．在 C 语言中，主函数名 main 后的一对圆括号中也可以带有形参
   D．在 C 语言中，调用函数必须在一条独立的语句中完成
4. 下列说法不正确的是（ ）。
   A．函数调用可以出现在执行语句中
   B．函数调用可以出现在一个表达式中
   C．函数调用可以作为一个函数的实参
   D．函数调用可以作为一个函数的形参
5. C 语言规定，函数返回值的类型由（ ）。
   A．return 语句中的表达式类型决定
   B．调用该函数时的主调函数类型所决定
   C．调用该函数时系统临时决定
   D．在定义该函数时所指定的函数类型决定
6. C 语言规定，简单变量作为实参时，它和对应形参之间的数据传递方式是（ ）。
   A．地址传递
   B．单向的值传递
   C．由实参传给形参，再由形参传回给实参
   D．由用户指定传递方式
7. 若调用一个函数，且此函数中没有 return 语句，则该函数（ ）。
   A．没有返回值
   B．返回若干个系统默认值

C．能返回一个用户所希望的函数值

D．返回一个不确定的值

8．下列说法不正确的是（　　）。

A．实参可以是常量、变量或表达式

B．形参可以是常量、变量或表达式

C．实参可以为任意类型

D．形参应与其对应的实参类型一致

9．下列说法正确的是（　　）。

A．定义函数时，形参的类型说明可以放在函数体内

B．return 后边的值不能为表达式

C．如果函数值的类型与返回值类型不一致，则以函数值类型为准

D．如果形参与实参的类型不一致，以实参类型为准

10．以下程序的输出结果是（　　）。

```
#include "stdio.h"
func(int a,int b,int c)
{   return c=a*b;   }
void main()
{   int c=8;
    func(2,3,c);
    printf("\n%d\n",c); }
```

A．0　　　　B．1

C．6　　　　D．8

11．凡是函数中未指定存储类别的局部变量，其隐含的存储类别为（　　）。

A．自动（auto）　　　　B．静态（static）

C．外部（extern）　　　　D．寄存器（register）

12．在一个C源程序中，若要定义一个只允许本源程序文件中所有函数使用的全局变量，则该变量需要使用的存储类别是（　　）。

A．extern　　　　B．register

C．auto　　　　D．static

13．在一个C源程序中，若要定义一个在整个程序执行期间始终存在的局部变量，应该使用（　　）关键字来定义。

A．extern　　　　B．register

C．auto　　　　D．static

14．在C语言中，函数的形参属于（　　）。

A．局部变量　　　　B．全局变量

C．静态变量　　　　D．寄存器变量

15．假设有如下程序：

```
double  s;
```

```
int max(int a,int b)
{   int c,d;
    ……
}
void main()
{   int e;
    float f;
    ……
}
```

下列说法不正确的是（　　）。

A．变量 s 是全局变量

B．变量 a、b 是局部变量

C．在 main 函数中可以引用变量 c

D．在 main 函数中可以引用变量 s

16．有如下程序：

```
#include "stdio.h"
int x=1,y=2;
int fun(int a)
{   int b;
    int x=4;
    b=a+x;
    y=a*x;
    return(b);
}
void main()
{   int c=3;
    int x=5;
    int b;
    b=fun(c);
    printf("%d,%d,%d\n",b,x,y);
}
```

下列说法不正确的是（　　）。

A．程序运行结果是 7,5,12

B．程序中没有与程序第二行定义的变量 x 有关的操作

C．main 函数中第二行出现的变量 x 将程序第二行定义的全局变量 x 的值改变

D．程序中出现的变量 b 不是全局变量

17．以下函数的返回值类型是（　　）。

```
f(float x)
{
```

```
    float y;
    y=2*x;
    return y;
}
```

A．float　　B．void　　C．int　　D．无法确定

18．下列有关寄存器变量的说法正确的是（　　）。

A．只有局部变量才能定义为寄存器变量

B．定义的寄存器变量一定可以在运行时分配到寄存器资源

C．可以对寄存器变量使用取地址操作

D．定义的寄存器变量可以是全局变量

19．下列有关静态变量的说法不正确的是（　　）。

A．静态局部变量的作用域是全局的

B．静态局部变量的生存期是全局的

C．静态局部变量在定义时会被自动初始化

D．静态外部变量不能被其他文件引用

20．下列有关全局变量的说法不正确的是（　　）。

A．全局变量在定义时会被自动初始化

B．全局变量的生存期与程序的生存期一致

C．全局变量不能是外部变量

D．全局变量的定义必须放在所有函数之外

21．下列有关函数参数的说法不正确的是（　　）。

A．定义函数时可以有参数，也可以无参数

B．函数的形参在该函数被调用前是没有确定值的

C．在传值调用时，需要传递的参数只能是变量名，不可以是表达式

D．要求函数的行参和实参个数相等，对应类型相同

22．下列关于函数返回值的描述不正确的是（　　）。

A．函数返回值可实现函数间的信息传递

B．函数返回值的值和类型是由返回语句中表达式的值和类型决定的

C．函数返回值是由return<表达式>实现的

D．一个函数只可有一个返回值

23．若某函数在被调用后不返回任何值，则应将其定义为（　　）类型。

A．float　　B．int　　C．void　　D．double

24．下列正确的函数定义是（　　）。

A．double fun(int x,int y)　　B．double fun(int x;int y)

C．double fun(int x,int y);　　D．double fun (int x,y)

25．若用数组名作为函数调用的实参，传递给形参的是（　　）。

A．数组的首地址　　B．数组的第一个元素

C．数组中全部元素的值　　D．数组元素的个数

二、阅读程序

1. 以下程序的输出结果是________。

```
#include "stdio.h"
increment()
{   int x=0;
    x+=1;
    printf("%d\n",x);}
void main()
{   increment();
    increment();
    increment();  }
```

2. 以下程序的输出结果是________。

```
#include "stdio.h"
int  max(int x,int y)
{   int z;
    z=(x>y)?x:y;
    return z; }
void main()
{   int a=1,b=2,c;
    c=max(a,b);
    printf("max is %d\n",c); }
```

3. 以下程序的输出结果是________。

```
#include "stdio.h"
int fac(int n)
{   int f=1;
    f=f*n;
    return(f);   }
void main()
{   int i;
    for(i=1;i<=5;i++)
    printf("%d\n", fac(i));}
```

4. 以下程序的输出结果是________。

```
#include "stdio.h"
incx()
{   int x=0;
    printf("x=%d\t",++x);   }
incy()
```

```
{   int y=0;
   printf("\ny=%d\n",++y);  }
void main()
{   incx();
    incy();
    incx();
    incy();
    incx();
    incy();  }
```

5. 以下程序的输出结果是________。

```
#include "stdio.h"
fun(int n)
{   int t;
    if((n==0)||(n==1))  t=3;
    else  t=n*fun(n-1);
    return t; }
void  main()
{   printf("%5d\n",fun(4)); }
```

6. 以下程序的输出结果是________。

```
#include "stdio.h"
int x=1;
func(int x)
{x=3;}
void main()
{   func(x);
    printf("%d\n",x);}
```

7. 以下程序的输出结果是________。

```
#include "stdio.h"
func(int x)
{   x=20;  }
void main()
{   int x=10;
    func(x);
    printf("x=%d\n",x);}
```

8. 以下程序的输出结果是________。

```
#include "stdio.h"
func(int a,int b)
{   int c;
```

```
    c=a+b;
    return c;   }
void  main()
{   int x=6,y=7,z=8,r;
    r=func((x--,y++,x+y),z--);
    printf("%d\n",r); }
```

9. 以下程序的输出结果是________。

```
#include "stdio.h"
double sub(double x,double y,double z)
{   y-=1.0;
    z=z+x;
    return z;    }
void main()
{   double a=2.5,b=9.0;
    printf("%f\n",sub(b-a,a,a));  }
```

10. 以下程序的输出结果是________。

```
#include "stdio.h"
fun2(int a,int b)
{   int c;
    c=a*b%3;
    return c;  }
fun1(int a,int b)
{   int c;
    a+=a;b+=b;
    c=fun2(a,b);
    return c*c;   }
void main()
{   int x=11,y=19;
    printf("%d\n",fun1(x,y)); }
```

11. 以下程序的输出结果是________。

```
#include "stdio.h"
add(int x,int y,int z)
{   z=x+y;
    x=x+x;
    y=y+y;
    printf("(2) x=%d y=%d z=%d\n",x,y,z);
}
void main()
{   int x=2,y=3,z=0;
```

```
    printf("(1) x=%d y=%d z=%d\n",x,y,z);
    add(x,y,z);
    printf("(3) x=%d y=%d z=%d\n",x,y,z);
}
```

12．以下程序的输出结果是________。

```
#include "stdio.h"
int x=1;
fun1(int x)
{
   x=5;
}
function(int x)
{
   x=3;
   fun1(x);
}
void main()
{   function(x);
    printf("%d\n",x);
}
```

13．以下程序的输出结果是________。

```
#include "stdio.h"
int a=5;
int b=7;
abc(int a,int b)
{   int c;
    c=a+b;
    return(c);
}
void main()
{   int a=4,b=5,c;
    c=abc(a,b);
    printf("A+B=%d\n",c);
}
```

14．以下程序的输出结果是________。

```
#include "stdio.h"
fun(int n)
{   int a;
    if(n==1)
```

```
        return(1);
    if(n>=5)
    {   n=10;
        for(a=1;a<=6;a++)
            n=n*a;
    }
    return(n);
}
void main()
{   int n=5;
    printf("%d\n",fun(n));
}
```

15. 以下程序的输出结果是________。

```
#include "stdio.h"
int x1=30,x2=40;
void sub(int x1,int x3)
{   x2=x1;
    x1=x3;
    x3=x2;
}
void main()
{   int x3=10,x4=20;
    sub(x3,x4);
    sub(x2,x1);
    printf("%d,%d,%d,%d\n",x3,x4,x1,x2);
}
```

16. 以下程序的输出结果是________。

```
#include "stdio.h"
int x1=30,x2=40;
void sub(int x1,int x3)
{   static int x2;
    x2=x1;
    x1=x3;
    x3=x2;
}
void  main()
{   int x3=10,x4=20;
    sub(x3,x4);
    sub(x2,x1);
    printf("%d,%d,%d,%d\n",x3,x4,x1,x2);
}
```

17. 以下程序的输出结果是________。

```
#include "stdio.h"
int a=3,b=5;
max(int a,int b)
{   int c;
    c=a>b?a:b;
    return(c);
}
void main()
{   int a=8;
    printf("%d\n",max(a,b));
}
```

18. 以下程序的输出结果是________。

```
#include "stdio.h"
int n=1;
func()
{   static int x=4;
    int y=10;
    x=x+2;
    n=n+10;
    y=y+n;
    printf("x=%2d y=%2d n=%2d\n",x,y,n);
}
void main()
{   static int x=5;
    int y;
    y=n;
    printf("x=%2d y=%2d n=%2d\n",x,y,n);
    func();
    printf("x=%2d y=%2d n=%2d\n",x,y,n);
    func();
}
```

19. 以下程序的输出结果是________。

```
#include<stdio.h>
void num()
{   extern int x,y;
    int a=15,b=10;
    x=a-b;
    y=a+b;
```

```
}
int x,y;
void main()
{
    int a=7,b=5;
    x=a+b;
    y=a-b;
    num( );
    printf("%d,%d\n",x,y);
}
```

20．以下程序的输出结果是________。

```
#include "stdio.h"
int fun(int i,int j)
{
   static int a=5,b;
   a+=i;
   return a+i+j;
}
void main()
{
   int i=3,j=5;
   printf("%d\n",fun(i,j));
   printf("%d\n",fun(i,j));
}
```

三、完善程序

1．以下程序的功能是根据输入的整数 x，求 1～x 的累加和。

```
#include "stdio.h"
#include<math.h>
float fun(int n)
{   int i;float sum;
    【1】;
    for(i=1;i<=n;i++)
        sum+=i;
    【2】; }
void main()
{   int x;
    scanf("%d",【3】);
    printf("%f\n",fun(x)); }
```

2. 以下程序的功能是调用函数 prime 判断输入的整数是否为素数，是素数则输出 YES，否则输出 NO。

```
#include "stdio.h"
prime( int a)
 {   int e,i,yes;
     yes=1;e=a/2;
     i=2;
     while((i<=e) 【4】)
     if(a%【5】==0)  yes=0;
     else i++;
    【6】;   }
void main()
 {   int x;
     printf("\nInput an integer  x:");
     scanf("%d", 【1】);
     if(prime(x)) 【2】;
     else  printf (【3】); }
```

3. 以下程序的功能是用递归方法计算第五位学生的年龄。递归公式如下：

$$age(n)=\begin{cases}10 & (n=1)\\ age(n-1)+2 & (n>1)\end{cases}$$

```
#include "stdio.h"
int  age(int n)
 {   int c;
     if(n==1)  c=10;
     else  【1】;
     return(c); }
 void  main()
 {   printf("age:%d\n",【2】);  }
```

4. 以下程序的功能是根据输入的 y（Y）与 n（N）在屏幕上显示 This is YES.或 This is NO.。

```
#include "stdio.h"
void YesNo(char ch)
{   switch (ch)
    {   case 'y':
        case 'Y':printf("\nThis is YES.\n");【1】;
        case 'n':
        case 'N':printf("\nThis is NO.\n");【2】;   } }
void main()
{   char ch;
```

```
    printf("\nEnter a char 'y','Y'or'n','N':");
    ch=【3】;
    printf("ch:%c",ch);
    YesNo(ch);  }
```

5. 以下程序的功能是输出如下图形：

```
   *
  ***
 *****
*******
 *****
  ***
   *
```

```
#include "stdio.h"
void a(int i)
{   int j,k;
    for(j=0;j<=7-i;j++)
        printf(" ");
    for(k=0;k<【1】;k++)
        printf("*");
    printf("\n");
}
void main()
{   int i;
    printf("\n");
    for(i=0;i<3;i++)
        【2】;
    for(i=3;【3】;i--)
        a(i);
}
```

6. 以下程序的功能是计算函数F(x,y,z)=sin(x+y)/cos(x−z)的值。

```
#include "stdio.h"
#include "math.h"
float f(float x,float y,float z)
{   【1】;
    value=sin(x+y)/cos(x-z);
    return(value);
}
void main()
{   float x,y,z,value;
```

```
    printf("\nplease input x,y,z:\n");
    scanf("%f%f%f",&x,&y,&z);
    【2】;
    printf("\nvalue=%f",value);
}
```

7. 以下程序的功能是计算 $s=\sum_{k=1}^{n}k!$ 的值。

```
#include "stdio.h"
long fun(int n)
{   int i;
    long s;
    s=【1】;
    for (i=1;i<=n;i++)
      【2】;
    return(s);
}
void main()
{   int i,n;
    long s;
    scanf("%d",&n);
    s=0;
    for (i=1;i<=n;i++)
    【3】
    printf("%ld\n",s);
}
```

四、改错

1. 下面 add 函数的功能是求两个参数的和，并将和值返回调用函数。

```
/********ERROR*******/
void add(float a,float b)
{   float c;
    c=a+b;
    return c; }
```

错误________________

改正________________

2. 求两个整数中较小值。

```
#include "stdio.h"
/********ERROR*******/
```

```
int min(a, b)
{   int a,b;
    int c;
    c=a>b?b:a;
    return c;}
void main()
{   int x,y;
    printf("please input x&y:");
    scanf("%d,%d",&x,&y);
    printf("%d",min(x,y));}
```

错误________________

改正________________

3．求两个数的最大公约数。

```
#include "stdio.h"
int gongyue(int num1,int num2)
{  int temp,a,b;
   if(num1>num2)
      {temp=num1;num1=num2;num2=temp;}
   a=num1;b=num2;
   while(b!=0)
      {temp=a%b;a=b;b=temp;}
   /********ERROR*******/
   return(b);}
void main()
{  int k,j;
   scanf("%d,%d",&k,&j);
   printf("%d",gongyue(k,j));}
```

错误________________

改正________________

4．输入一个年份，判断该年份是否是闰年。

```
# include "stdio.h"
void main()
{
/********ERROR*******/
   int year;
   printf("请输入一个年份:");
   scanf("%d",&year);
   /********ERROR*******/
   if(int isLeep(year)) printf("%d是闰年\n",year);
   else printf("%d不是闰年\n",year);
```

```
}
int isLeep(int y)
{
  return (y%4==0&&y%100)||y%400==0;
}
```

错误________________
改正________________
错误________________
改正________________

5. 输入一个正整数，将其逆序输出。

```
# include "stdio.h"
void back(int n)
{   printf("%d",n%10);
    if(n<10) return;
    /********ERROR*******/
    back(n);
}
int main()
{   int x;
    printf("Enter x:");
    scanf("%d",&x);
    printf("output:");
    back(x);
    printf("\n");
    return 0;
}
```

错误________________
改正________________

6. 输入一个正整数 n，求 n!。

```
#include "stdio.h"
long fac(int i)
{   if(i<=1) return 1;
    /********ERROR*******/
    return i*fac(i);
}
int main()
{   int n;
    printf("Enter n(n>=0):");
    scanf("%d",&n);
```

```
    printf("%d!=%d\n",n,fac(n));
    return 0;
}
```

错误________________

改正________________

7．计算 1+2+3+…+100 的值。

```
#include "stdio.h"
int result;
int add()
{   /*******ERROR*******/
    int num=0;
    num++;
    result+=num;
    return result;
}
void main()
{   int i;
    /*******ERROR*******/
    for(i=0;i<100;i++)
        add();
    printf("%d\n",add());
}
```

错误________________

改正________________

错误________________

改正________________

五、编程题

1．已有变量定义和函数调用语句：int a=1,b=−5,c;c=fun(a,b);，fun 函数的作用是计算两个数之差的绝对值，并将差值返回调用函数，请编写 fun 函数。

```
fun(int x,int y){  }
```

2．已有变量定义语句：double a=5.0;int n=5;和函数调用语句 mypow(a,n);，用以求 a 的 n 次方，请编写 mypow 函数。

```
double mypow(double x,int y){   }
```

3．已有函数调用语句：c=add(a,b);，请编写 add 函数，计算两个实数 a 和 b 的和，并返回和值。

```
double add(double x,double y){   }
```

4．编写 hcf 函数和 lcd 函数，分别求两个整数的最大公约数和最小公倍数。

```
#include "stdio.h"
int hcf(int u,int v){   }
int lcd(int u,int v,int h){   }
void main()
{   int u,v,h,l;
    scanf("%d %d",&u,&v);
    h=hcf(u,v);
    printf("HCF=%d\n",h);
    l=lcd(u,v,h);
    printf("LCD=%d\n",l);
}
```

5．编程求函数 $F(x)=1+x+x^2/2!+x^3/3!+x^4/4!+x^5/5!$的值。

6．输入若干个整数，其值在 0～100 以内，编写程序统计输入的整数个数（输入-1 时结束计数，显示结果）。

7．编写 ver(n,b)函数，将一个字符串和一个整数（先转化为字符串）连接为一个字符串。

```
#include "stdio.h"
#include "string.h"
void main()
{   void ver(int n,char d[]);
    int n;
    char a[80],b[10];
    printf("输入一字符串:");
    scanf("%s",a);
    printf("输入一整数:");
    scanf("%d",&n);
    ver(n,b);
    printf("%s\n",strcat(a,b));
}
void ver(int n,char d[]){   }
```

8．调用 fun(a,b)函数在字符串中每 3 个字符之后插入一个空格。

```
#include "stdio.h"
void main()
{   void fun(char a[],char b[]);
    char a[80],b[80];
    printf("Enter a string:");
    gets(a);
    printf("The original string: ");
```

```
    puts(a);
    fun(a,b);
    printf("After insert space: ");
    puts(b);
}
void fun(char a[],char b[]){   }
```

9．从键盘上输入 10 个浮点数，求出其和及平均值。要求编写求和及求平均值的函数。

10．输入一个正整数 x，调用 circle(x)函数判断 x 是不是回文数，如 232 是回文数。请编写 circle 函数。

```
#include "stdio.h"
int circle(int n){   }
void main()
{   int x;
    printf("Enter x:");
    scanf("%d",&x);
    if(circle(x)==1)
        printf("%d是回文数!\n",x);
    else printf("%d不是回文数!\n",x);
}
```

11．调用函数 pyramid(x)输出如下图形，请编写 pyramid 函数。

```
        1
      2 2
    3 3 3
  4 4 4 4
5 5 5 5 5
```

```
#include "stdio.h"
void pyramid(int n){   }
int main()
{   int x;
    pyramid(x);
    return 0;
}
```

12．输入一个正整数 n，如果 n 为奇数，调用函数 f1(n)求出 1～n 之间的所有奇数之和；如果 n 是偶数，调用函数 f2(n)求出 1～n 之间所有偶数之和。请分别编写 f1 函数和 f2 函数。

```
#include "stdio.h"
int f1(int n){   }
int f2(int n){   }
```

```
void main()
{   int n;
    printf("Enter n(n>0):");
    scanf("%d",&n);
    if(n%2==1)
      printf("1 加到%d 之间的奇数之和:%d\n",n,f1(n));
    else printf("1 加到%d 之间的偶数之和:%d\n",n,f2(n));
}
```

13．输入一个十进制数，调用 convert(n,i)函数（其中 i 为 2、8 或 16）将其转化为对应的进制数。编写 convert 函数。

```
#include "stdio.h"
void convert(int n,int k){   }
void main()
{   int n;
    printf("请输入一个十进制整数:");
    scanf("%d",&n);
    convert(n,2);
    convert(n,8);
    convert(n,16);
}
```

6.4 习题参考答案

一、选择题

1．A　2．A　3．D　4．D　5．D　6．B　7．D　8．B　9．C　10．D
11．A　12．D　13．D　14．A　15．C　16．C　17．C　18．A　19．A　20．C
21．C　22．B　23．A　24．A　25．A

二、阅读程序

1．1
1
1

2．max is 2

3．1
2
3
4
5

4．x=1

y=1

x=1

y=1

x=1

y=1

5．72

6．1

7．x=10

8．21

9．9.000000

10．4

【解析】该题考查的是嵌套调用的基本知识。在 main 函数中首先调用 fun1 函数，在 fun1 函数中又调用 fun2 函数，解题时要注意函数调用结束时的返回位置。

11．(1)x=2　y=3　z=0

(2)x=4　y=6　z=5

(3)x=2　y=3　z=0

12．1

13．A+B=9

14．7200

15．10,20,30,10

16．10,20,30,40

17．8

18．x=5　y=1　n=1

x=6　y=21　n=11

x=5　y=1　n=11

x=8　y=31　n=21

19．5,25

20．16

19

三、完善程序

1.【1】sum=0　【2】return sum　【3】&x

2.【1】&x　【2】printf("YES")　【3】"NO"

【4】&&yes　【5】i　【6】return yes

3.【1】c=age(n−1)+2　【2】age(5)

4.【1】break　【2】break　【3】getchar( )

5.【1】2*i+1　【2】a(i)　【3】i>=0

6. 【1】float value 【2】value=f(x,y,z)

7. 【1】1 【2】s*=i 【3】s+=fun(i)

四、改错

1. 错误 void add(float a,float b)
   改正 float add(float a,float b)
2. 错误 int min(a, b)
   {int a,b;
   改正 int min(int a,int b){
3. 错误 return(b);
   改正 return(a);
4. 错误 void main( )
   {int year;
   改正 void main( )
   {int isLeep(int y);
   int year;
   错误 if(int isLeep(year))
   改正 if(isLeep(year))
5. 错误 back(n)
   改正 back(n/10)
6. 错误 i*fac(i)
   改正 i*fac(i-1)
7. 错误 i=0
   改正 i=1
   错误 int num=0;
   改正 static int num=0;

五、编程题

1. 参考程序：

```
fun(int x,int y)
{   int z;
    z=fabs(x-y);
    return z;
}
```

2. 参考程序：

```
double mypow(double x, int y)
{   int i;
```

```
    double p;
    p=1.0;
    for(i=1;i<=y;++i)
       p=p*x;
    return p;
}
```

3. 参考程序

```
double add(double x, double y)
{
   return  x+y;
}
```

4. 参考程序:

```
int hcf(int u,int v)
{   int t,r;
    if(v>u)
      {t=u;u=v;v=t;}
    while((r=u%v)!=0)
    {  u=v;
       v=r;
    }
    return v;
}
int lcd(int u,int v,int h)
{
   return u*v/h;
}
```

5. 参考程序:

```
#include "stdio.h"
#include "math.h"
float fac(float i)
{   float n=1;
    int j;
    for(j=1;j<=i;j++)
      n=j*n;
    return(n);
}
void main()
{   float i,value=0;
    float x,m;
```

```
    printf("\nplease input x:");
    scanf("%f",&x);
    for(i=0;i<5;i++)
     {  m=fac(i);
        value=value+pow(x,i)/m;}
    printf("\n%f",value);
}
```

注意：pow(x,y)函数是库函数，作用是求 x 的 y 次方。

6. 参考程序：

```
#include "stdio.h"
void main()
{   int m=0,i=-1;
    printf("\nplease input numbers:\n");
    while(m!=-1)
    {   scanf("%d",&m);
        i=i+1;
    }
    printf("You have inputed %d numbers",i);
}
```

7. 参考程序：

```
ver(int n,char d[])
{
   static int i=0;
   if(n<0)  {d[i++]='-';n=-n;}
   if(n>10)  ver(n/10,d);
   d[i++]=n%10+'0';
   d[i]='\0';
}
```

8. 参考程序：

```
void fun(char a[],char b[])
{
   int i,j=0,k=0;
   while(a[j])
   {
      i=0;
      while(i<3&&a[j])
       {
         b[k++]=a[j++];
```

```
        i++;
      }
      if(a[j])
        b[k++]=' ';
    }
    b[k]='\0';
}
```

9. 参考程序:

```
#include "stdio.h"
double s,sum(double[],int),average(int);
double sum(double b[],int n)
{
    double sum=0;
    int i;
    for(i=0;i<10;i++)
      sum+=b[i];
    return sum;
}
double average(int n)
{
    return s/10;
}
void main()
{
    double a[10],ave;
    int i;
    printf("Enter 10 double:");
    for(i=0;i<10;i++)
      scanf("%lf",a+i);
    s=sum(a,10);
    ave=average(10);
    printf("SUM=%.21f,AVERAGE=%.2f\n",s,ave);
}
```

10. 参考程序:

```
int circle(int n)
{   int s=0,m=n;
    while(m){
      s=s*10+m%10;
      m/=10;
    }
```

```
    if(s==n)  return 1;
}
```

11. 参考程序：

```
void pyramid(int n)
{   int i,j;
    n=5;
    for(i=1;i<=n;i++){
       for(j=1;j<=n-i;j++)
          printf(" ");
       for(j=1;j<=i;j++)
          printf("%d ",i);
       printf("\n");
    }
}
```

12. 参考程序：

```
int f1(int n)
{   if(n==1)  return 1;
    else  return n+f1(n-2);
}
int f2(int n)
{   if(n==2)  return 2;
    else  return n+f2(n-2);
}
```

13. 参考程序：

```
void convert(int n,int k)
{
   char a[100];
   char b[]={'A','B','C','D','E','F'};
   int i;
   for(i=0;n;i++){
      a[i]=n%k;
      n/=k;
   }printf("对应的%d进制数为:",k);
   for(i--;i>=0;i--)
      if(a[i]<10)  printf("%2d",a[i]);
      else printf("%2c",b[a[i]-10]);
   printf("\n");
}
```

第7章 指　　针

7.1 知 识 要 点

1. 地址和指针的概念

指针就是地址。用来存放其他变量的地址的变量称为指针变量。

2. 指针变量的定义和运算

定义指针：

存储类型　数据类型 *指针变量名

注意：此处的“*”不是运算符，它只是表示后面的变量为指针变量。

C 语言规定，指针可以进行一定的算术和关系运算。一个指针变量与整数进行加减运算，结果仍是地址量。指针变量加 1 就是使指针变量指向下一个数据的地址；指针变量减 1 就是使指针变量指向上一个数据的地址。两个指针变量相减的结果是整数，表示两个指针所指地址之间的数据个数。两个指针变量相加没有实际意义。两个指针变量的比较用于指出指针变量的前后位置。

3. 指向数组和字符串的指针

在 C 语言中，可以认为数组名是一个存放地址值的指针常量名，也是数组中的第一个元素的地址。因此，数组名具有地址的含义，可以将数组名赋给其他指针变量，使指针变量指向数组。

4. 函数与指针

指针作为函数的参数就是把指针变量作为函数的参数进行传递，传递的是地址。

当函数的返回值是地址时，该函数称为返回指针型函数。

函数指针：在 C 语言中，指针变量除了保存数据的存储地址外，还可以保存函数的首地址。如果指针变量保存了函数的入口地址，则表明它指向了该函数，所以这种指针称为指向函数的指针，简称函数指针。函数指针不能进行算术运算和关系运算。

5. 指针数组与指针的指针

数组中的元素均是指针变量则为指针数组，指针数组可以作为 main 函数的参数。

指针变量指向的是还是指针变量则为指针的指针，但一般不要超过三级指针。

7.2 典型例题与分析

【例题 1】分析以下程序的输出结果。

```
#include "stdio.h"
void main()
{   int n,*p;
    p=&n;
    n=10;
    printf("%d\n",*p); }
```

【解析】重点理解存储单元的地址和存储单元的内容两个概念。存储单元的内容可以改变，而存储单元的地址是始终不变的。

在本例程序中，定义变量 n 和 p 时即分别为其分配了存储空间，假设为 n 分配的存储空间地址为 1024H。赋值语句 p=&n 表示变量 n 的地址赋值给指针变量 p，使指针变量 p 的内容为 1024H。p 指向地址为 1024H 的变量 n。除定义点外所有使用的*p 表示指针变量所指存储单元的内容，即变量 n 的值。当对 n 赋值为 10 之后，*p 的值也就是 10，如图 1.7.1 所示。所以输出结果是 10。

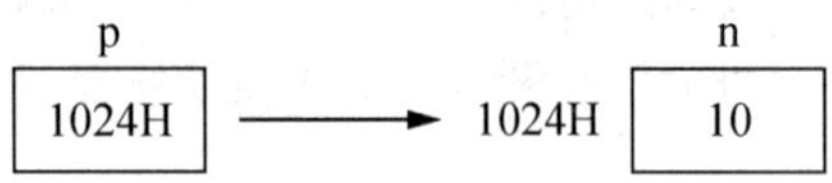

图 1.7.1　存储过程

【例题 2】分析以下程序的输出结果。

```
#include "stdio.h"
void main()
{   int a[2][3]={2,4,6,8,10,12};
    printf("%d\n",*(*(a+1)+1));}
```

【解析】*(*(a+1)+1)为 a[1][1]的值，所以输出结果是 10。数组可以用指针法和地址法两种方法表示。

a[i][j]（0≤i<2,0≤j<3）的地址（即 i 行 j 列元素的地址）可用以下 5 种表达式求得：&a[i][j]、a[i]+j、*(a+i)+j、&a[0][0]+3*i+j、a[0]+3*i+j。

【例题 3】分析以下程序的输出结果。

```
#include "stdio.h"
void main()
{   int a[3][2]={1,2,3,4,5,6},*p[3],i,j;
    for(i=0;i<3;i++)
        p[i]=a[i];
```

```
    for(i=0;i<3;i++)
        for(j=0;j<2;j++)
            printf("%3d",(*(p+i))[j]);
    printf("\n");
}
```

【解析】(*(p+i))[j]等于 a[i][j]。所以输出结果是1 2 3 4 5 6。

在本例的说明符*p[3]中，“[ ]”的优先级高于“*”号，因此 p 首先与“[ ]”结合，构成 p[3]，说明 p 是一个数组名，系统为它开辟一个连续的存储单元；在它前面的“*”号则说明数组 p 是一个指针类型，它的每个元素都是基类型为 int 的指针，即 p 为指针数组。

【例题 4】编写一个程序计算一个字符串的长度。

【解析】本例的算法思想是，从头开始扫描字符串 str 的每个字符，若不是字符串结束标志“/o”，则长度计数器变量 len 加 1。这个过程直到 str 的所有字符比较完毕。实现本例功能的程序如下：

```
#include "stdio.h"
int string_length(char *s)
{   int len=0;
    while(*s++)
       len++;
    return(len);
}
void main()
{   char *str;
    printf("input a string:");
    gets(str);
    printf("[%s]'s length is :%d\n",str,string_length(str));
}
```

【例题 5】编写一个函数，计算二维数组中的最大元素，数组以指针方式传递。

【解析】本例的算法思想是，以数组指针作为参数，p 表示指向一个长度为 4 的一维数组的指针，则*(*p+i)表示二维数组的元素值。将二维数组中每一个元素同变量 max 比较，则 max 中始终存储已比较的元素中的最大值。实现本例功能的程序如下：

```
#include "stdio.h"
int findmax(int (*p)[4],int n)
{   int i,max;
    max=**p;
    for(i=1;i<n;i++)
    if(max<*(*p+i))
       max=*(*p+i);
    return max;
}
```

```
void main()
{   int a[3][4]={0,3,9,2,10,5,4,8,7,11,6,1},n=3*4,t;
    t=findmax(a,n);
    printf("最大值:%d\n",t);
}
```

本例程序的输出结果是：

```
最大值：11
```

【例题 6】编写 process 函数，在调用它的时候，每次实现不同的功能。输入 a 和 b 两个数，第一次调用 process 函数时找出 a 和 b 中大者，第二次找出其中小者，第三次求 a 与 b 之积。

【解析】实现本例功能的程序如下：

```
#include "stdio.h"
int max(int x,int y)          /* 求最大值函数定义 */
{   int z;
    if(x>y)  z=x;
    else   z=y;
    return(z);
}
min(int x,int y)              /* 求最小值函数定义 */
{   int z;
    if(x<y)z=x;
    else  z=y;
    return(z);
}
mul(int x,int y)              /* 求积函数定义 */
{   int z;
    z=x*y;
    return(z);
}
process(int x,int y,int (*fun)(int,int))
/* 函数定义。int (*fun)(int,int)表示 fun 是指向函数的指针,该函数是一个整型函数,
   有两个整型形参*/
{   int result;
    result=(*fun)(x,y);
    printf("%d\n",result);
}
void main()
{   int max(int,int);         /* 函数声明 */
    int min(int,int);         /* 函数声明 */
    int mul(int,int);         /* 函数声明 */
```

```
    int a,b;
    printf("enter a and b:");
    scanf("%d,%d",&a,&b);
    printf("max=");
    process(a,b,max);
    printf("min=");
    process(a,b,min);
    printf("mul=");
    process(a,b,mul);
}
```

max 函数、min 函数和 mul 函数是已定义的 3 个函数，分别用来实现求大数、求小数和求积的功能。在main函数中第一次调用process函数时，除了将a和b作为实参传给process函数的形参 x、y 外，还将函数名 max 作为实参，并将其入口地址传送给 process 函数中的形参 fun（fun 是指向函数的指针变量），此时，process 函数中的(*fun)(x,y)相当于 max(x,y)，执行 process 函数可以输出 a 和 b 中大者。在 main 函数第二次调用时，改以函数名 min 作为实参，此时 process 函数的形参 fun 指向 min 函数，在 process 函数中的函数调用(*fun)(x,y)相当于 min(x,y)。同理，第三次调用 process 函数时，(*fun)(x,y)相当于 mul(x,y)。

【例题 7】编写 fun 函数，返回 str 所指字符串中以形参 c 中字符开头的后续字符串的首地址。

【解析】本例的算法思想是，若 str 所指字符串为 Chinese!，c 中的字符为 e，则函数返回字符串 ese!的首地址。若 str 所指字符串为空串或不包含 c 中的字符，则函数返回 NULL。实现本例功能的程序如下：

```
char *fun(char *str,char c)
{   int n=0;
    char *p=str;
    if(p!=NULL)
       while(p[n]!=c&&p[n]!='\0') n++;
    if(p[n]=='\0') return NULL;
    return(p+n);
}
```

随着 n++到一定数值，就找到所指的字符，返回 c 的地址。

【例题 8】分析以下程序的输出结果。

```
#include "stdio.h"
#include <string.h>
void main()
{   char s[5][81],*p1[5],**p2,**p3;
    int i;
    for(i=0; i<5; i++)
    {   p1[i]=&s[i][0];
```

```
        gets(p1[i]);
    }
    for(p3=p2=p1,i=0;i<5;i++,p2++)
      if(strcmp(*p3,*p2)<0)  p3=p2;
    puts(*p3);
}
```

【解析】从数据定义语句可知，定义了一个二维字符数组 s、一个一级指针数组 p1 和两个二级指针变量 p2、p3。循环体中的第一条语句是将二维数组中的第 i 行首地址存入指针数组元素 p1[i]中，第二条语句是输入一个字符串并存入 p1[i]所指向的字符数组中第 i 个一维数组中。也就是说，输入的 5 个数组存放在二维数组 s 的 5 行中，同时指针数组 p1 的 5 个元素分别指向这 5 个字符串。

第二个循环语句是先让二级指针变量 p2 和 p3 都指向一级指针数组首地址，即 p2 指向 pl[0]（注意*p2 就是 pl[0]），p3 指向 p1[0]（注意*p3 就是 pl[0]）。循环体中利用 strcmp 函数来比较*p2（第一次循环时*p2 等于 p1[0]）和*p3（第一次循环时等于 p1[0]）指向的字符串的大小。如果*p3 指向的字符串比*p2 指向的字符串小，则将 p2 存入 p3 中保存。显然 p3 用来保存 5 个字符串中最大字符串的地址。最后的输出语句是输出*p3 所指向的字符串。

7.3 习　　题

一、选择题

1. “*”运算符除用于乘法外还是（　　）运算符。
   A. 返回地址中变量的值　　B. 取地址运算符
   C. 除法运算符　　D. 不是运算符
2. “&”运算符除用于“位与”运算外还是（　　）运算符。
   A. 返回地址中变量的值　　B. 取地址运算符
   C. 除法运算符　　D. 不是运算符
3. 若有定义 int a=511,*b=&a;, 则 printf("%d\n",*b);的输出结果是（　　）。
   A. 无确定值　　B. a 的地址
   C. 512　　D. 511
4. 变量的指针，其含义是指该变量的（　　）。
   A. 值　　B. 地址　　C. 名　　D. 一个标志
5. 若有定义 int a[5],*p=a;，则对 a 数组元素的正确引用是（　　）。
   A. *&a[5]　　B. a+2　　C. *(p+5)　　D. *(a+2)
6. 若有定义 int *p,m=5,n;，则以下正确的程序段是（　　）。
   A. p=&n; scanf("%d",&p);　　B. p=&n; scanf("%d",*p);
   C. scanf("%d",&p); *p=n;　　D. p=&n; *p=m;

7．a 定义为字符数组名，pa 定义为字符指针后，以下正确的操作是（　　）。

A．pa=a;　　B．a=pa;　　C．a++;　　D．pa=&a;

8．若有定义 int a[10]={1,2,3,4,5,6,7,8,9,10};int *pa=&a[0];int *pb=&a[5];，则 pb 减 pa 的值是（　　）。

A．2　　B．3　　C．4　　D．5

9．若有定义 int a[5],*p=a;，则能正确表示元素的地址的表达式是（　　）。

A．p+5　　B．*a+1　　C．&a+1　　D．&a[0]

10．若有定义 int a[5];，则 a 数组中首元素的地址可以表示为（　　）。

A．&a　　B．a+1　　C．a　　D．&a[1]

11．若有定义 int a[10],*p=a;，则 p+5 表示（　　）。

A．元素 a[5]的地址　　B．元素 a[5]的值

C．元素 a[6]的地址　　D．元素 a[6]的值

12．若有定义 int a[10],*p=a;，则*(p+5)表示（　　）。

A．元素 a[5]的地址　　B．元素 a[5]的值

C．元素 a[6]的地址　　D．元素 a[6]的值

13．若有定义 int k=2; int *p1,*p2;，且 p1 和 p2 均已指向变量 k, 下面不能正确执行的赋值语句是（　　）。

A．k=*p1+*p2;　　B．p2=k;

C．p1=p2;　　D．k=*p1*(*p2)

14．若有语句 int *point, a=4;和 point=&a;，下列均代表地址的一组选项是（　　）。

A．a, point, *&a　　B．&*a, &a, *point

C．*&point, *point, &a　　D．&a, &*point, point

15．若有定义 int a[10], *p=a;，并在以后的语句中未改变 p 的值，不能表示 a[1] 地址的表达式是（　　）。

A．p+1　　B．a+1　　C．a++　　D．++p

16．若有定义 int a[5],*p=a;，假设对 i 的引用是合法的，则对 a 数组元素的非法引用是（　　）。

A．a[i]　　B．*(a+i)　　C．*(p+i)　　D．*(&a+i)

17．以下程序运行时输入 10,20，则其输出结果是（　　）。

```
#include "stdio.h"
void main()
{   int *p1,*p2,i1,i2;
    scanf("%d,%d",&i1,&i2);
    p1=&i1;p2=&i2;
    printf("%d,%d\n",*p1,*p2);
}
```

A．10,10　　B．20,20　　C．0,0　　D．10,20

18. 以下程序的输出结果是（　　）。

```
#include "stdio.h"
void main()
{   int x=55;
    printf("x=%d\n",x);
    printf("xaddr=%o\n",&x);
}
```

A. x 的值和 x 的十进制地址　　　　B. x 的值和 x 的八进制地址

C. x 的值和 x 的无符号地址　　　　D. 两次 x 的值

19. 若有定义 int a[3][4];，则（　　）对数组元素 a[i][j]的引用是错误的。

A. *(*(a+i)+j)　　　　B. *(a+i)[j]

C. *(&a[0][0]+4*i+j)　　　　D. *(a[i]+j)

20. 若有声明语句 char a[]="It is my book";char *p="It is my book";，则下列叙述不正确的是（　　）。

A. a+1 表示字符 t 的地址

B. p 指向另外的字符串时，字符串的长度不受限制

C. p 变量中存放的地址值可以改变

D. a 中只能存放 13 字符

21. 以下程序段正确的是（　　）。

A. char str[20]; scanf("%s",&str);

B. char *p; scanf("%s",p);

C. char str[20]; scanf("%s",&str[2]);

D. char str[20],*p=str; scanf("%s",p[2]);

22. 以下程序段的输出结果是（　　）。

```
int a[3][3], *p,i;
p=&a[0][0];
for(i=0; i<9; i++)   p[i]=i+1;
printf("%d\n",a[1][2]) ;
```

A. 3　　　　B. 6　　　　C. 9　　　　D. 随机数

23. char *p="abcd";与（　　）等价。

A. char *p;*p="abcd";

B. char *p;p="abcd";

C. char *p;scanf("%s",p);，输入 abcd

D. char p;scanf("%s",p);，输入 abcd

24. 以下程序段的功能是（　　）。

```
p(char *s,char *t)
{ for(;*s==*t;s++,t++)
     if(!*s) return 0;
```

```
    return *s-*t;}
```

A．连接字符串 s 和 t　　B．把字符串 s 复制到字符串 t 中

C．比较字符串 s 和 t 的大小　　D．程序错误

25．以下程序的功能是（　　）。

```
#include "stdio.h"
p(int a[],int n)
{ int t,i,j;
  for(i=0,j=n-1;i<j;i++,--j)
  { t=*(a+i);
    *(a+i)=*(a+j);
    *(a+j)=t;
  }
}
```

A．从大到小排序　　B．找出 a[]中最大数

C．从小到大排序　　D．数组 a[]中逆序放置

26．下列不能正确进行字符串赋值操作的是（　　）。

A．char s[5]={"ABCDE"};　　B．char s[5]={'A','B','C','D','E'};

C．char *s; s="ABCDE";　　D．char s[5]; scanf("%s",s);

27．若有定义 int *p1,*p2,m=5,n;，则下列最正确的赋值语句是（　　）。

A．p1=&m;p2=&p1;　　B．p1=&m;p2=&n;*p1=*p2;

C．p1=&m;p2=p1;　　D．p1=&m; *p1=*p2;

28．若有定义 int (*p)[5];，则 p 的含义是（　　）。

A．一个指向整型变量的指针

B．一个指针数组名

C．一个指针变量，指向一个包含 5 个整型元素的一维数组

D．定义不合法

29．若有定义 double a[5],*p1;p1=a;，则能正确表示 a 数组元素地址的表达式是（　　）。

A．a　　B．p1+5　　C．*p1　　D．*&a[5]

30．在下列选项中，对指针变量 p 的不正确操作是（　　）。

A．int a[5],*p;p=&a;　　B．int a[5],*p;p=a;

C．int a[5]; int *p=a;　　D．int a[5],b[5];int *p1=b, *p2=a; p1=p2;

31．以下程序段的输出结果是（　　）。

```
char str[]="ABC",*p=str;
printf("%d\n",*(p+3));
```

A．67　　B．0　　C．字符'C'的地址　　D．字符'C'

32．以下程序的输出结果是（　　）。

```
void  main()
{   char a[10]={9,8,7,6,5,4,3,2,1,0},*p=a+5;
   printf("%d",*--p);}
```

A. 非法　　B. a[4]的地址

C. 5　　D. 3

33. 以下程序段的输出结果是（　　）。

```
char a[10]="123456789",*p;
int i;
i=8;
p=a+i;
printf("%s\n",p-3);
```

A. 6　　B. 6789　　C. '6'　　D. 789

34. 以下程序段的输出结果是（　　）。

```
char s[]="159",*p;
p=s+1;
printf("%c",*p++);
printf("%c",*p++);
```

A. 15　　B. 16　　C. 12　　D. 59

35. 以下程序的输出结果是（　　）。

```
#include<stdio.h>
void point(char *p)
{p+=3;}
void  main()
{    char b[4]={'a','b','c','d'},*p=b;
     point(p);
     printf("%c\n",*p);
}
```

A. a　　B. b　　C. c　　D. d

36. 若有声明语句 double *p,a;，则通过 scanf 语句正确读入数据的程序段是（　　）。

A. *p=&a; scanf("%lf",p);　　B. *p=&a; scanf("%f",p);

C. p=&a; scanf("%lf",*p);　　D. p=&a; scanf("%lf",p);

37. 以下程序段的输出结果是（　　）。

```
char p[]={'a', 'b', 'c'}, q[]="abc";
printf("%d %d\n", sizeof(p),sizeof(q));
```

A. 4 4　　B. 3 3　　C. 3 4　　D. 4 3

38. 若有定义 char *x="abcdefghi";，则下列选项正确运用了 strcpy 函数的是（　　）。

A. char y[10]; strcpy(y,x[4]);

B. char y[10]; strcpy(++y,&x[1]);

C. char y[10],*s; strcpy(s=y+5,x);

D. char y[10],*s; strcpy(s=y+1,x+1);

39. 以下程序段的输出结果是（　　）。

```
int  a[]={1,2,3,4},y,*p=&a[3];
--p;
y=*p;
printf("y=%d\n",y);
```

A. y=0　　B. y=1　　C. y=2　　D. y=3

40. 在下列语句组中，能正确进行字符串赋值的是（　　）。

A. char *sp; *sp="right!";　　B. char s[10]; s="right!";

C. char s[10]; *s="right!";　　D. char *sp="right!";

41. 以下程序的输出结果是（　　）。

```
#include<stdio.h>
void sum(int *a)
{ a[0] = a[-1]+a[1]; }
void main()
{   int a[10]={1,2,3,4,5,6,7,8,9,10};
    sum(&a[2]);
    printf("%d\n", a[2]);
}
```

A. 6　　B. 7　　C. 5　　D. 8

42. 以下程序的输出结果是（　　）。

```
#include<stdio.h>
void sort(int *a, int n)
{   int i, j ,t;
    for(i=0; i<n-1;i++)
      for(j=i+1; j<n;j++)
         if(a[i]<a[j]) {t=a[i];a[i]=a[j];a[j]=t;}
}
void  main()
{   int  aa[10]={1,2,3,4,5,6,7,8,9,10}, i;
    sort(aa+2, 5);
    for(i=0; i<10; i++) printf("%d,",aa[i]);
    printf("\n");
}
```

A. 1,2,3,4,5,6,7,8,9,10,　　B. 1,2,7,6,3,4,5,8,9,10,

C. 1,2,7,6,5,4,3,8,9,10,　　　　D. 1,2,9,8,7,6,5,4,3,10,

43. 以下程序的输出结果是（　　）。

```
#include<stdio.h>
void swap1(int c0[], int c1[])
{   int t ;
    t=c0[0]; c0[0]=c1[0]; c1[0]=t;
}
void swap2(int *c0, int *c1)
{   int t;
    t=*c0; *c0=*c1; *c1=t;
}
void main()
{   int a[2]={3,5}, b[2]={3,5};
    swap1(a, a+1); swap2(&b[0], &b[1]);
    printf("%d %d %d %d\n",a[0],a[1],b[0],b[1]);
}
```

A. 3 5 5 3　　　B. 5 3 3 5　　　C. 3 5 3 5　　　D. 5 3 5 3

44. 以下程序段的输出结果是（　　）。

```
char *s="abcde";
s+=2;
printf("%s",s);
```

A. cde　　　　B. 字符 c

C. 字符 c 的地址　　　　D. 无确定的输出结果

45. 以下程序的输出结果是（　　）。

```
#include<stdio.h>
int fun(int *x,int n)
{   static int sum=0,i;
    for(i=0;i<n;i++) sum+=x[i];
    return sum;
}
void main()
{   int a[]={1,2,3,4,5},b[]={6,7,8,9},s=0;
    s=fun(a,5)+fun(b,4); printf("%d\n",s);
}
```

A. 45　　　B. 50　　　C. 60　　　D. 55

46. 以下程序段的输出结果是（　　）。

```
int i, s=0, t[]={1,2,3,4,5,6,7,8,9};
for(i=0;i<9;i+=2)   s+=*(t+i);
printf("%d\n",s);
```

A．45　　B．20　　C．25　　D．36

47．以下程序的输出结果是（　　）。

```
#include<stdio.h>
void fun1(char *p)
{   char *q;
    q=p;
    while (*q!='\0')
    { (*q)++;q++;}
}
void main()
{   char a[]={"Program"},*p;
    p=&a[3];fun1(p); printf("%s\n",a);
}
```

A．Prohsbn　　B．Prphsbn　　C．Progsbn　　D．Program

48．以下程序的输出结果是（　　）。

```
#include<stdio.h>
void swap(char *x,char *y)
{   char  t;
    t=*x;*x=*y;*y=t;
}
void main()
{   char  *s1="abc",*s2="123";
    swap(s1,s2);
    printf("%s,%s\n",s1,s2);
}
```

A．123,abc　　B．abc,123　　C．1bc,a23　　D．321,cba

49．以下程序的输出结果是（　　）。

```
#include<stdio.h>
void fun(int *a,int n)      /* 将 a 所指数组元素从大到小排序 */
{   int  t,i,j;
    for(i=0;i<n-1;i++)
      for(j=i+1;j<n;j++)
         if(a[i]<a[j])
         {  t=a[i];a[i]=a[j];a[j]=t;}
}
void main()
{   int  c[10]={1,2,3,4,5,6,7,8,9,0},i;
    fun(c+4,6);
    for(i=0;i<10;i++)
       printf("%d,",c[i]);
    printf("\n");  }
```

A．1,2,3,4,5,6,7,8,9,0,　　B．0,9,8,7,6,5,1,2,3,4,

C．0,9,8,7,6,5,4,3,2,1,　　D．1,2,3,4,9,8,7,6,5,0,

50．以下程序的输出结果是（　　）。

```
#include<stdio.h>
int fun(char  p[][10])
{   int n=0,i;
    for(i=0;i<7;i++)
       if(p[i][0]=='T') n++;
    return  n;
}
void main()
{   char str[][10]={"Mon","Tue","Wed","Thu","Fri","Sat","Sun"};
    printf("%d\n",fun(str));
}
```

A．1　　B．2　　C．3　　D．0

二、阅读程序

1．以下程序的输出结果是________。

```
#include "stdio.h"
void main()
{   int a,b,k=4,m=6,*p1,*p2;
    p1=&k; p2=&m;
    a=p1==&m;
    b=(-*p1)/(*p2)+7;
    printf("a=%d\n",a);
    printf("b=%d\n",b);
}
```

2．以下程序的输出结果是________。

```
#include "stdio.h"
void main()
{   int i,*p;
    int a[3][3]={{1,2,3},{4,5,6},{7,8,9}};
    p=a[0];
    for(i=0;i<9;i++)
      {   if(i%3==0)
             printf("\n");
          printf("%-4d",*p++);
      }
}
```

3．以下程序运行时输入 1 2 3 4 5 6 7 8 9 10，则其输出结果是________。

```
#include "stdio.h"
void main()
{   int a[10],*p,*s,n;
    for(n=0;n<10;n++)
       scanf("%d",a+n);
    for(p=a,s=a;p-a<10;p++)
       if(*p>*s)
           s=p;
    printf("max=%d,index=%d\n",*s,s-a);
}
```

4．以下程序的输出结果是________。

```
#include "stdio.h"
#include "string.h"
void main()
{   char s[80],*sp="HELLO!";
    sp=strcpy(s,sp);
    s[0]='h';
    puts(sp);
}
```

5．以下程序的输出结果是________。

```
#include "stdio.h"
void main()
{   char *s;
    s="abcd";
    printf("%s\n",s);
}
```

6．以下程序的输出结果是________。

```
#include "stdio.h"
#include "string.h"
void main()
{   char *s1="AbDeG";
    char *s2="AbdEg";
    s1+=2;s2+=2;
    printf("%d\n",strcmp(s1,s2)>0?1: strcmp(s1,s2)==0?0:-1);
}
```

7．以下程序的输出结果是________。

```
#include "stdio.h"
void main()
{   int x,*p;
    x=55;
    p=&x;
    *p=65;
    printf("x=%d\n",x);
}
```

8. 以下程序的输出结果是________。

```
#include "stdio.h"
void main()
{   int a=28,b;
    char s[10],*p;
    p=s;
    do{
       b=a%16;
       if(b<10) *p=b+48;
       else *p=b+55;
       p++;
       a=a/5;
       } while(a>0);
    *p='\0';
    puts(s);
}
```

9. 以下程序的输出结果是________。

```
#include<stdio.h>
void main()
{   int a[10]={1,2,3,4,5,6,7,8,9,10}, *p=&a[3], *q=p+2;
    printf("%d\n", *p +*q);
}
```

10. 以下程序的输出结果是________。

```
#include<stdio.h>
int f(int *x,int n)
{
    int sum=1,i;
    for(i=0;i<=n;i++) sum*=x[i];
    return sum;
}
void main()
```

```
{   int x,a[]={2,3,4,5,6,7,8,9};
    x=f(a,3);
    printf("%d\n",x);
}
```

11. 以下程序的输出结果是________。

```
#include "stdio.h"
void func(int *a,int b[])
{b[0]=*a+6; }
void main()
{   int a,b[5];
    a=0; b[0]=3;
    func(&a,b);
    printf("%d\n",b[0]);}
```

12. 以下程序的输出结果是________。

```
#include "string.h"
#include "stdio.h"
void main()
{   char *p1,*p2,str[50]="ABCDEFG";
    p1="abcd"; p2="efgh";
    strcpy(str+1,p2+1);strcpy(str+3,p1+3);
    printf("%s",str);
}
```

13. 以下程序的输出结果是________。

```
void  ss(char *s,char t)
{  while(*s)
   {  if(*s==t)  *s=t-'a'+'A';
      s++; } }
void  main()
{  char str1[100]="abcddfefdbd",c='d';
   ss(str1,c);
   printf("%s\n",str1);}
```

14. 以下程序的输出结果是________。

```
#include "stdio.h"
void test(int *p)
{  *p=200;
}
void main()
{   int i=151,*p=&i;
```

```
    printf("i before the call to test=%d\n",i);
    test(p);
    printf("i after the call to test=%d\n",i);
}
```

15. 以下程序的输出结果是________。

```
#include "stdio.h"
void main()
{   char a[]="Language",b[]="programe";
    char *p1,*p2;
    int k;
    p1=a; p2=b;
    for(k=0;k<=7;k++)
      if(*(p1+k)==*(p2+k))
         printf("%c",*(p1+k));
}
```

16. 以下程序的输出结果是________。

```
#include "stdio.h"
void main()
{   int a[]={1,2,3,4,5,6},*p;
    p=a;
    *(p+3)+=2;
    printf("%d,%d\n",*p,*(p+3));
}
```

17. 以下程序的输出结果是________。

```
#include "stdio.h"
void main()
{   char *p,s[ ]="ABCDEFG";
    for(p=s;*p!='\0';)
      { printf("%s\n",p);
        p++;
        if(*p!='\0') p++;
        else break;
      }
}
```

18. 以下程序的输出结果是________。

```
#include "stdio.h"
void main()
{   int *p,m=50,n;
```

```
    p=&m;
    n=*p;
    printf("n=%d",n);
}
```

19. 以下程序运行时输入 3 2 5 7 8 9 1 0 6 4，则其输出结果是________。

```
#include "stdio.h"
void main()
{   int *p,a[10],t,i,j;
    p=a;
    for(i=0;i<10;i++)
       scanf("%d",&a[i]);
    for(i=0;i<9;i++)
       for(j=i+1;j<10;j++)
            if(*(p+i)<*(p+j))
             {   t=*(p+i);
                 *(p+i)=*(p+j);
                 *(p+j)=t; }
    for(i=0;i<10;i++)
      printf("%d,",a[i]);
}
```

20. 以下程序的输出结果是________。

```
#include<stdio.h>
void fun(int *s,int n1,int n2)
{   int  i,j,t;  i=n1;  j=n2;
    while(i<j)
    {t=s[i];s[i]=s[j];s[j]=t;i++;j--;}
}
void main()
{   int  a[10]={1,2,3,4,5,6,7,8,9,0},k;
    fun(a,0,3);  fun(a,4,9);  fun(a,0,9);
    for(k=0;k<10;k++)
       printf("%d",a[k]);
    printf("\n");  }
```

21. 以下程序的输出结果是________。

```
#include<stdio.h>
void main()
{   int c[][4]={1,2,3,4,5,6,7,8,9,10,11,12,13,14,15,16};
    printf("%x,%x\n",c[1][1],*(*(c+3)+2));}
```

22. 以下程序的输出结果是________。

```
#include<stdio.h>
void main()
{   int a[3][3]={{1,2,9},{3,4,8},{5,6,7}},i,s=0;
    for(i=0;i<3;i++)
        s+=a[i][i]+a[i][3-i-1];
    printf("%d\n",s);
}
```

23. 当运行 fun 函数时，输入 abcd ef g17，则以下程序的输出结果是________。

```
#include<stdio.h>
#include<ctype.h>
#include<string.h>
Void fun(char *str)
{   int i,j=0;
    for(i=0;str[i]!='\0';i++)
      if(str[i]!= ' ')   str[j++]=str[i];
    str[j]='\0'; }
void main()
{   char str[81];
    printf("Input a string : ");
    gets(str);
    puts(str);
    fun(str);
    printf("%s\n",str); }
```

24. 以下程序的输出结果是________。

```
#include<stdio.h>
void fun(int *s)
{   static int j=0;
    do
   {   s[j]=s[j+1];
       j++;
   }while(j<2);
}
void  main()
{   int k,a[10]={1,2,3,4,5};
    for(k=1;k<3;k++) fun(a);
    for(k=0;k<5;k++) printf("%d",a[k]);
}
```

25. 以下程序的输出结果是________。

```
#include<stdio.h>
#include<string.h>
void reverse(int a[],int n)
```

```
{   int i,t;
    for(i=0;i<n/2;i++)
      { t=a[i]; a[i]=a[n-1-i];a[n-1-i]=t;} }
void main()
{   int b[10]={1,2,3,4,5,6,7,8,9,10}; int i,s=0;
    reverse(b,8);
    for(i=6;i<10;i++) s+=b[i];
    printf(" %d\n",s);  }
```

26. 以下程序的输出结果是________。

```
#include<stdio.h>
void fun(char *t,char *s)
{   while(*t!=0)  t++;
    while((*t++=*s++)!=0);  }
void main()
{   char ss[10]="acc",aa[10]="bbxxyy";
    fun(ss,aa);
    printf("%s,%s\n",ss,aa);  }
```

27. 以下程序的输出结果是________。

```
#include<stdio.h>
void  abc(char *str)
{   int a,b;
    for(a=b=0;str[a]!='\0';a++)
      if(str[a]!='c')  str[b++]=str[a];  str[b]='\0';}
void  main()
{   char str[]="abcdef";  abc(str);
    printf("%s",str); }
```

28. 以下程序的输出结果是________。

```
#include<stdio.h>
int  f(int a[], int n)
{   if(n >= 1) return f(a, n-1)+a[n-1];
    else return 0;
}
void  main()
{   int aa[5]={1,2,3,4,5}, s;
    s=f(aa, 5); printf("%d\n", s);
}
```

29. 以下程序的输出结果是________。

```
#include<stdio.h>
#include<string.h>
void fun(char  *s[],int n)
{   char  *t;
    int  i,j;
    for(i=0;i<n-1;i++)
       for(j=i+1;j<n;j++)
           if(strlen(s[i])>strlen(s[j]))
               {t=s[i];s[i]=s[j];s[j]=t;}  }
void main()
{   char  *ss[]={"bcc","bbcc","xy","aaaacc","aabcc"};
    fun(ss,5);
    printf("%s,%s\n",ss[0],ss[4]);  }
```

30. 以下程序的输出结果是________。

```
#include<stdio.h>
#define  size  12
void sub(char *a,int t1,int t2)
{   char ch;
    while(t1<t2)
       { ch=*(a+t1);  *(a+t1)=*(a+t2);  *(a+t2)=ch;  t1++;t2--; }
}
void main()
{   char s[size]; int i;
    for(i=0;i<size;i++)
       s[i]='a'+i;
    sub(s,7,size-1);
    for(i=0;i<size;i++)
       printf("%c",s[i]);
    printf("\n");
}
```

31. 以下程序的输出结果是________。

```
#include<stdio.h>
#include<string.h>
void f(char *s, char *t)
{   char  k;
    k=*s;  *s=*t;  *t=k;
    s++;  t--;
    if(*s)  f(s, t);
}
void main()
```

```
{   char str[10]="abcdefg", *p ;
    p=str+strlen(str)/2+1;
    f(p, p-2);
    printf("%s\n",str);
}
```

32．以下程序的输出结果是________。

```
#include<stdio.h>
void main()
{   char *s="12134";int k=0,a=0;
    while(s[k+1]!='\0')
    {   k++;
        if(k%2==0) {a=a+(s[k]-'0'+1);continue;}
        a=a+(s[k]-'0');
    }
    printf("k=%d a=%d\n",k,a);
}
```

33．以下程序的输出结果是________。

```
#include<stdio.h>
int f(int  a[], int  n)
{   if(n>1)
        return a[0]+f(a+1,n-1);
    else
        return a[0];
}
void main()
{   int  aa[10]={1,2,3,4,5,6,7,8,9,10},s;
    s=f(aa+2,4);  printf("%d\n",s);
}
```

34．以下程序运行时输入 abcd，则其输出结果是________。

```
#include "stdio.h"
#include "string.h"
void insert(char str[])
{   int i;
    i=strlen(str);
    while(i>0)
    {   str[2*i]=str[i]; str[2*i-1]='*';i--;   }
    printf("%s\n",str);
}
void  main()
```

```
{  char str[40];
   scanf("%s",str);  insert(str);
}
```

35. 以下程序的输出结果是________。

```
#include "stdio.h"
void sub(int x, int y, int *z)
{*z=y-x;}
void main()
{   int a,b,c;
    sub(10,5,&a);
    sub(7,a,&b);
    sub(a,b,&c);
    printf("%4d,%4d,%4d\n",a,b,c);
}
```

36. 以下程序的输出结果是________。

```
#include "stdio.h"
#include "string.h"
void  main()
{   char  *p1,*p2,str[50]="abc";
    p1="abc"; p2="abc";
    strcpy(str+1,strcat(p1,p2));
    printf("%s\n",str);
}
```

37. 以下程序运行时输入 MyBook，则其输出结果是________。

```
#include "stdio.h"
char fun(char *s)
{   if(*s<='Z'&&*s>='A') *s+=32;
    return *s;
}
void main()
{   char *p,c[80];
    p=c;
    scanf("%s",p);
    while(*p)
        {*p=fun(p); putchar(*p); p++;}
    printf("\n");
}
```

38. 以下程序的输出结果是________。

```
#include "string.h"
#include "stdio.h"
void fun(char *w,int n)
{   char t,*s1,*s2;
    s1=w;s2=w+n-1;
    while(s1<s2)
        {  t=*s1++;
           *s1=*s2--;
           *s2=t;}
}
void  main()
{   char *p;
    p="1234567";
    fun(p,strlen(p));
    puts(p);
}
```

39. 以下程序的输出结果是________。

```
#include<stdio.h>
#include "string.h"
void main()
{
   char *p1,*p2,str[50]="ABCDEFG";
   p1="abcd";
   p2="efgh";
   strcpy(str+1,p2+1);
   strcpy(str+3,p1+3);
   printf("%s\n",str);
}
```

40. 以下程序的输出结果是________。

```
#include "stdio.h "
void main()
{   char *s="12134211"; int v[4]={0,0,0,0},k,i;
    for(k=0;s[k];k++)
    {   switch(s[k])
        {   case '1':i=0;
            case '2':i=1;
            case '3':i=2;
            case '4':i=3;
```

```
        }
        v[i]++;
    }
    for(k=0;k<4;k++)  printf("%d ",v[k]);
}
```

41．以下程序的输出结果是________。

```
#include "stdio.h"
void main()
{   char *s="12134211"; int v[4]={0,0,0,0},k,i;
    for(k=0;s[k];k++)
    {   switch(s[k])
        {   case '1':i=0;
            case '2':i=1;
            case '3':i=2;break;
            case '4':i=3;
        }
        v[i]++;
    }
    for(k=0;k<4;k++)  printf("%d ",v[k]);
}
```

42．以下程序的输出结果是________。

```
#include "stdio.h"
void main()
{   char *s="12134211"; int v[4]={0,0,0,0},k,i;
    for(k=0;s[k];k++)
    {   switch(s[k])
        {   case '1':i=0;
            case '2':i=1;break;
            case '3':i=2;break;
            case '4':i=3;
        }
        v[i]++;
    }
    for(k=0;k<4;k++)  printf("%d ",v[k]);
}
```

43．以下程序的输出结果是________。

```
#include "stdio.h"
void main()
{   char a[11]="0123456789",*p;
```

```
    p=&a[4];
    puts(p);}
```

44. 以下程序的输出结果是________。

```
#include "stdio.h"
void main()
{   char str[]="abc\0def\0ghi",*p=str;
    printf("%s",p+5);}
```

45. 以下程序的输出结果是________。

```
#include<stdio.h>
void main()
{   int  x[10]={1,7,4,3,5},*p,*q, i;
    for(p=q=x,i=0;i<10;i++,p++)
      if(*q<*p)   q=p;
    printf("%d,%d\n",*q,q-x);
}
```

46. 以下程序的输出结果是________。

```
#include "stdio.h"
#include "string.h "
void main(void)
{   char *p[10]={"abc","aabdfg","dcdbe","abbd","cd"};
    printf("%d\n",strlen(p[3]));
}
```

47. 以下程序的输出结果是________。

```
#include "stdio.h"
void swap1(int a, int b)
{   int k;
    k=a;
    a=b;
    b=k;}
void swap2(int *a, int *b)
{   int k;
    k=*a;
    *a=*b;
    *b=k;}
void main(void)
{   int a=3, b=6;
    swap1(a ,b );
    printf("a=%d,b=%d\n",a,b);
```

```
    swap2(&a, &b);
    printf("a=%d,b=%d\n",a,b);
}
```

48．以下程序的输出结果是________。

```
#include "stdio.h "
void main()
{   int b[2][3]={1,3,5,7,9,11},a[2][3], i,j;
    int *p, m;
    for(i=0;i<2;i++)
        for(j=0;j<3;j++)
            a[i][j]=*(*(b+i)+j);
    p=a[0];
    for(m=0;m<6;m++)
    {   printf("%4d", *p);
        p++;  }
}
```

49．以下程序的输出结果是________。

```
#include "stdio.h"
void func(int *b)
{   int  j;
    for(j=0;j<4;j++)
       *(b+j)=j;
}
void main(void)
{   int  a[4]={10,20,30,40},k;
    func(a);
    for(k=0;k<4;k++)
       printf("%d  ",a[k]);
}
```

50．以下程序的输出结果是________。

```
#include "stdio.h"
void main(void)
{   int n;
    static char *monthName[]={"Illegal month", "January", "February",
    "March", "April", "May", "June", "July", "August", "September",
    "October", "November", "December"};
    for(n=1; n<=12; n++)
       printf("%s   ", monthName[n]);
}
```

三、完善程序

1．输入a、b两个整数，按先大后小的顺序输出a、b。

```
#include "stdio.h"
void main()
{   int  *p1,*p2,*p;
    int a,b;
    scanf("%d,%d",&a,&b);
    p1=&a,p2=&b;
    if(a<b)
       {【1】;【2】;【3】; }
    printf("a=%d,b=%d\n",a,b);
    printf("max=%d,min=%d\n",*p1,*p2); }
```

输入：

```
1,3
```

输出：

```
a=1,b=3
max=3,min=1
```

2．求一维数组中下标为奇数的元素之和。

```
#include "stdio.h"
int odd_add(int *p,int n)
{   int i,sum=0;
    for(i=0;i<n;i+=2,p+=2)
      sum+=*p;
    return  sum;
}
void  main()
{   int a[10]={1,2,3,4,5,6,7,8,9,10};
    int *p,total;
    【1】
    total=odd_add(p,10);
    printf("total=%d\n",total);
}
```

3．求一维数组各元素的平均值。

```
#include "stdio.h"
#define  N  10
float average(float *p,int n)
```

```
{   int i;
    float sum=0,ave;
    for(i=0;i<n;i++)
        sum+=p[i];
    ave=sum/n;
    return  ave;
}
void  main()
{   float  num[N],aver;
    int i;
    for(i=0;i<N;i++)
      scanf("%f",&num[i]);
    【1】
    printf("average=%8.2f\n",aver);
}
```

4. 用折半查找法查询某个数是否在数组中。

```
#include "stdio.h"
int a[]={10,100,1000,10000,20000};
void main()
{   int n,r;
    scanf("%d",&n);
    r=binary(n,a,5);
    if(r)
        printf("YES\n");
    else
        printf("NO\n");
}
int  binary(int x,int arr[],int m )
{   int *low=&arr[0],*high=&arr[m-1],*mid;
    while(low<=high)
    {   mid=low+(high-low)/2;
        if(x>*mid)
            【1】;
        else if(x<*mid)
             high=mid-1;
              else
                   return 1;
    }
    return 0;
}
```

5. 用冒泡法将 10 个数按由大到小顺序排序。

```
#include "stdio.h"
void main()
{   int  *p;
    int  a[10]={1,2,5,7,98,54,56,77,22,33,} ,t,i,j;
    p=a;
    for(i=0;i<10;i++)
        【1】
    if(*(p+i)<*(p+j))
     {   t=*(p+i);
         *(p+i)=*(p+j);
         *(p+j)=t; }
    for(i=0;i<10;i++)
      printf("%d,",a[i]);
}
```

6. 输出二维数组中的各个元素。

```
#include "stdio.h"
void main()
{   int  a[3][5]={1,2,3,4,5,6,7,8,9,10,11,12,13,14,15};
    int  i,j,(*p)[5];
    p=a;
    for(i=0;i<3;i++)
      {  for(j=0;j<5;j++)
           【1】
         printf("\n");}
}
```

7. 输出二维数组中的各个元素。

```
#include "stdio.h"
void main()
{   int a[3][5]={1,2,3,4,5,6,7,8,9,10,11,12,13,14,15};
    int *p;
    for(p=a[0];p<a[0]+15;p++)
      【1】
    printf("\n");
}
```

8. 求二维数组中全部元素之和。

```
#include "stdio.h"
void main()
```

```
{   int arr_add(int arr[ ],int n);
    int a[3][4]={1,2,3,4,5,6,7,8,9,10,11,12};
    int *p,total;
    p=a[0];
     【1】
    printf("total=%d\n",total);
}
int  arr_add(int arr[],int n)
{   int  i,sum=0;
    for(i=0;i<n;i++)
      sum+=arr[i];
    return  sum;
}
```

9．求二维数组中全部元素之和。

```
#include "stdio.h"
int arr_add(int arr[],int n)
{   int i,sum=0;
    for(i=0;i<n;i++)
        sum+=arr[i];
    return  sum;
}
void main()
{   int a[3][4]={1,3,5,7,9,11,13,15,17,19,21,23};
    int *p,total1,total2;
    int(*pt)();
    int arr_add ();
    【1】
    p=a[0];
    total1=arr_add(p,12);
    total2=(*pt)(p,12);
    printf("total1=%d\ntotal2=%d\n",total1,total2);
}
```

10．实现字符串连接。

```
#include "stdio.h"
void main()
{   char *s1="I am ",*s2="a student.";
    char *s;
    s=s1;
    while(*s!='\0')
        【1】
```

```
    while(*s2!='\0')
        {  *s=*s2;
           s2++;
           s++;
        }
    【2】
    printf("%s",s1);
}
```

11．求字符串长度。

```
#include "stdio.h"
strlen(char *s)
{   char *p=s;
    while(*p!='\0')
        p++;
    return  p-s;
}
void main()
{   char *p;
    【1】
    scanf("%s",p);
    printf("%d\n",strlen(p));
}
```

12．输入月份的数字，输出月份的英文单词。

```
#include "stdio.h"
char *mouth_name(int n)
{   char *name[]={"legal month", "January", "February", "March","April",
"May", "June", "July", "August", "September", "October","November" ,
"December"};
    return (n<1||n>12)?name[0]:name[n];
}
void main()
{   int n;
    scanf("%d",&n);
    【1】
}
```

13．连接两个字符串函数。

```
#include "stdio.h"
char *strcat(char *str1,char *str2)
{   char *p;
```

```
    for(p=str1;*p!= '\0';p++);
        do
        {
           *p++=*str2++;
        }while(*str2!= '\0');
    *p='\0';
    return  str1;
}
void main()
{   char string1[80]= "I have a computer.",string2[]="I learn C language.
 ",*pt;
    【1】
    printf("%s\n",pt);
}
```

14. 从给定字符串中删除字符'0'。

```
#include "stdio.h"
void main()
{   char *p= "I have 50 Yuan.",a[20],x;
    int i=0;
    x='0';
    for(;*p!= '\0';p++)
      if(*p!=x)
        【1】
    a[i]='\0';
    printf("%s\n",a);
}
```

15. 将3个字符串按字母从小到大顺序输出。

```
#include "stdio.h"
#include "string.h"
void main()
{   char *string[3]={"Microsoft visual c++", "pascal", "photoshop" };
    char *p;
    int i=0;
    if(strcmp(string[0],string[1])>0)
        {p=string[0];string[0]=string[1];string[1]=p;}
    if(strcmp(string[0],string[2])>0)
        {p=string[0];string[0]=string[2];string[2]=p;}
    if(strcmp(string[1],string[2])>0)
        {p=string[1];string[1]=string[2];string[2]=p;}
    for(i=0;i<3;i++)
```

```
    【1】
}
```

16．将字符串 s 中所有的字符 c 删除。

```
#include "stdio.h"
void main()
{   char s[80];
    int i,j;
    gets(s);
    for(i=j=0;s[i]!='\0';i++)
       if(s[i]!='c')  【1】;
    s[j]='\0';
    puts(s);
}
```

17．求两个数中的较小数。

```
#include "stdio.h"
int min(int x,int y)
{   int z;
    if(x<y)
       z=x;
    else
       z=y;
    return  z;
}
void main()
{   int min();
    int (*p)();
    int a,b,c;
    scanf("%d,%d",&a,&b);
    p=min;
    【1】
    printf("min=%d\n",c);
}
```

输入：

```
1,3
```

输出：

```
min=1
```

18．输出最大数。

```
#include "stdio.h"
```

```
int f(int x,int y)
{   int  z;
    z=(x>y)?x:y;
    return  z;
}
void main()
{   int (*p)(),a,b,max;
    scanf("%d,%d",&a,&b);
    p=f;
    【1】
    printf("%d",max);
}
```

输入：

```
1,3
```

输出：

```
3
```

19. 删除字符串中所有的“*”号。

```
#include "stdio.h"
void fun( char *a )
{   int  i=0,j=0;
    while(a[i])
    {   if(【1】)
        {   a[j]=a[i];
            j++;
        }
        i++;
    }
    【2】
}
void  main()
{   char  s[81];
    printf("Enter a string: \n");  gets(s);
    fun(s);
    printf("The string after deleted:\n");  puts(s);
}
```

20. 将s所指字符串中ASCII值为奇数的字符删除，字符串中剩余字符形成一个新字符串放在t所指的数组中。

```
#include "stdio.h"
```

```
#include "string.h "
void fun(char *s, char t[])
{   int i=0,j=0;
    while(s[i])
    {   if(【1】)
        {   t[j]=s[i];
            j++;
        }
        i++;
    }
    【2】
}
void main()
{   char s[100], t[100];
    printf("\nPlease enter string S:"); scanf("%s", s);
    fun(s, t);
    printf("\nThe result is: %s\n", t);
}
```

四、改错

1. 输出一个整数。

```
#include "stdio.h "
void main()
{   int x,*p1;
    x=25;
    /*************ERROR***************/
    *p1=x;
    printf("%d",*p1);
}
```

错误________________

改正________________

2. 输出一个字符串，其有效字符个数最多不超过9。

```
#include "string.h"
#include "stdio.h"
void main()
{/*************ERROR***************/
    char *a;
    strcpy(a, "abcd");
    printf("%s\n",a);    }
```

错误________________
改正________________

3．输出一个小数。

```
#include "stdio.h"
void main()
{   double  x=1.2;
    /*************ERROR***************/
    int *a;
    a=&x;
    printf("%f\n",*a);  }
```

错误________________
改正________________

4．输入一个整数并输出它。

```
#include "stdio.h"
void main()
{   int *p,a;
    p=&a;
    printf("input a:");
    /*************ERROR***************/
    scanf("%d",*p);
    printf("%d",*p);  }
```

错误________________
改正________________

5．输出整数。

```
#include "stdio.h"
void main()
{   int x,*p;
    x=25;
    /*************ERROR***************/
    p=x;
    printf("%d\n",*p);
}
```

错误________________
改正________________

6．从一个字符串的第 3 个字符开始连续输出 4 个字符。

```
#include "stdio.h"
char *st(char *s,int m,int n)
{   char str[80];
```

```
    int i;
    for(i=0;i<n;i++)
    {/************ERROR***************/
    str[i]=s[m-1];
    }
    str[i]= '\0';
    return  str;
}
void main()
{   char s[]= "abcdefghijklmnopqrstuvwxyz";
    char *ps;
    ps=st(s,3,4);
    printf("%s\n",ps);
}
```

错误________________

改正________________

7. 用递归法求 x 的 n 次幂。

```
#include "stdio.h"
float f(float *x,int n)
{   if(n==0)
        return   1.0;
    else if(n>0)
        return   *x*f(x,n-1);
    else
    /******************ERROR********************/
        return   f(x,n-1)/(*x);
}
void main()
{   float x,*p;
    int n;
    p=&x;
    printf("input x,n:\n");
    scanf("%f,%d",p,&n);
    printf("%f\n",f(p,n));
}
```

错误________________

改正________________

8. 使 main 函数中的指针 p1 指向 a、b 中的大者，使指针 p2 指向小者。

```
#include "stdio.h"
void swap(int *p1,int *p2)
{   /************ERROR***************/
```

```
    int *p;
    p=*p1;
    *p1=*p2;
    *p2=p;
}
void main()
{   int a,b;
    int  *p1,*p2;
    scanf("%d,%d",&a,&b);
    p1=&a;
    p2=&b;
    if(a<b)
        swap(p1,p2);
    printf("%d,%d\n",*p1,*p2);
}
```

错误________________

改正________________

9．输出数组 a 的 10 个元素。

```
#include "stdio.h"
void  main()
{   int a[]={1,2,3,4,5,6,7,8,9,10},i;
    for(i=0;i<10;i++)
    /************ERROR**************/
       printf("%d,",*a);
}
```

错误________________

改正________________

10．输出数组 a 的 10 个元素。

```
#include "stdio.h"
void  arr(int a[],int n)
{   int i;
    for(i=0;i<n;i++)
    /************ERROR**************/
       printf("%3d",*a);
}
void main()
{   int a[ ]={1,2,3,4,5,6,7,8,9,10};
    arr(a,10);
}
```

错误________________

改正________________

11. 输出二维数组元素。

```
#include "stdio.h"
void main()
{   int a[][5]={1,2,3,4,5,6,7,8,9,10,11,12,13,14,15};
    int i,j,(*p)[5];
    p=a;
    for(i=0;i<3;i++)
      for(j=0;j<5;j++)
    /************ERROR**************/
        printf("%d\n",*p);
}
```

错误________________

改正________________

12. 输出一个字符串的长度。

```
#include "stdio.h"
int len(char *ps)
{   int n=0;
    while(*ps!= '\0')
    {   n++;
    /************ERROR**************/
        ps--;
    }
    return  n;
}
void main()
{   char string[80],*p;
    int l;
    gets(string);
    p=string;
    l=len(p);
    puts(p);
    printf("%d\n",l);
}
```

错误________________

改正________________

13. 将5个书名字符串按从小到大顺序排序。

```
#include "stdio.h"
```

```
void sort(char *name[],int n)
{   char *t;
    int i,j,kk;
    for(i=0;i<n;i++)
    {   for(kk=i,j=i+1;j<n;j++)
          if(strcmp(name[kk],name[j]>0)  )
              kk=j;
    /*************ERROR***************/
        if(kk=i)
        { t=name[i];
          name[i]=name[kk];
          name[kk]=t;}
        }
}
void main()
{   char *bookname[]={"c", "Microsoft visual c++6.0", "pascal", "basic",
    "cobol"};
    int n=5,i;
    sort(bookname,n);
    for(i=0;i<5;i++)
      printf("%s\n",bookname[i]);
}
```

错误________________

改正________________

14. 将 5 个书名字符串按从小到大顺序排序。

```
#include "stdio.h"
void sort(char *name[],int n)
{   char *t;
    int i,j;
    for(i=0;i<n-1;i++)
        for(j=0;j<n-i-1;j++)
    /*************ERROR***************/
          if(strcmp(name[j+1],name[j])>0 )
           {    t=name[j];
                name[j]=name[j+1];
                name[j+1]=t;  }
}
void  main()
{   char *bookname[]={"c", "Microsoft visual c++6.0", "pascal", "basica",
    "cobol" };
    int n=5,i;
```

```
    sort(bookname,n);
    for(i=0;i<5;i++)
        printf("%s\n",bookname[i]);
}
```

错误________________

改正________________

五、编程题

1. 将字符串 computer 赋给一个字符数组，之后从第一个字母开始间隔地输出该字符串。
2. 编写程序，实现通过指针输出二维数组中任一行任一列元素的值。
3. 将数组中的数据按逆序存放。
4. 将 n 个数按输入的逆序排列，用函数实现。

```
#include "stdio.h"
void sort(char *p,int m)
{    }
void  main()
{   int i,n;
    char *p,num[40];
    printf("input n:");
    scanf("%d",&n);
    printf("please input these numbers:\n");
    for(i=0;i<n;i ++)
        scanf("%d",&num[i]);
    p=&num[0];
    sort(p,n);
    printf("Now,the sequence is:\n");
    for(i=0;i<n;i++)
        printf("%3d",num[i]);
}
```

5. 输入一行文字指出其中有多少个大写字母。
6. 编写一个函数，求一个字符串的长度。要求：在 main 函数中输入字符串，编写求字符串长度的子函数，不要用 strlen 函数。

```
#include "stdio.h"
int length(char *p)
{    }
void main()
{   int len;
    char str[20];
    printf("Input string:");
```

```
    scanf("%s",str);
    len=length(str);
    printf("the length of string is %d.",len);
}
```

7．编写 fun 函数，将 s 所指字符串中 ASCII 值为偶数的字符删除，字符串中剩余字符形成一个新字符串放在 t 所指的数组中。

```
#include "stdio.h"
#include "string.h "
void fun(char *s, char t[])
{    }
void main()
{   char s[100], t[100];
    printf("Please enter string S: "); scanf("%s", s);
    fun(s, t);
    printf("The result is: %s\n", t);
}
```

8．编写 fun 函数，将 s 所指字符串中下标为偶数的字符删除，字符串中剩余字符形成的新字符串放在 t 所指数组中。

```
#include "stdio.h"
#include "string.h "
void fun(char *s, char *t)
{           }
void main()
{   char s[100], t[100];
    printf("Please enter string S:"); scanf("%s", s);
    fun(s, t);
    printf("The result is: %s\n", t);
}
```

9．编写一个函数 void fun(int dataArray[],int *num,int value)，其中*num 表示数组 dataArray 中元素的个数。函数的功能是，删除数组 dataArray 中所有值为 value 的元素，最后的结果仍保存在数组 dataArray 中，而*num 中存放删除相应元素后数组 dataArray 中元素的个数。部分程序代码已经给出，请给出 fun 函数的完整实现代码，并不得改变已经给出的任何源代码。

```
#include<stdio.h>
#define  M  20
void fun(int dataArray[], int *num, int value)
{           }
void main(void)
{   int aa[M], n, y, k;
```

```
    printf("\n Please enter n: "); scanf("%d",&n);
    for (k=0; k<n; k++)  scanf("%d", &aa[k]);
    printf("The original data is : \n");
    for (k=0; k<n; k++)  printf("%5d", aa[k]);
    printf("\n Enter a number to be deleted: "); scanf("%d", &y);
    fun(aa, &n, y);
    printf("The data after deleted :  \n");
    for (k = 0; k < n; k++) printf("%5d", aa[k]);
    printf("\n");}
```

10. 假定输入的字符串中只包含字母和"*"号。请编写 fun 函数，将字符串中的前导"*"号全部移到字符串的尾部。

例如，字符串中的内容为*******A*BC*DEF*G****，移动后，字符串中的内容应当是 A*BC*DEF*G***********。在编写函数时，不得使用 C 语言提供的字符串函数。

```
#include "stdio.h"
void fun( char *a )
{          }
void main()
{   char s[81];
    printf("Enter a string:\n");
    gets(s);
    fun(s);
    printf("The string after moving: \n");
    puts (s);}
```

11. 编写 fun 函数，删去一维数组中所有相同的数，使之只剩一个。数组中的数已按由小到大的顺序排列，函数返回删除后数组中数据的个数。

例如，若一维数组中的数据是 2 2 2 3 4 4 5 6 6 6 6 7 7 8 9 9 10 10 10 11，删除后数组中的内容应该是 2 3 4 5 6 7 8 9 10 11。

```
#include<stdio.h>
#define  N  20
int fun(int a[], int n)
{              }
void main()
{   int a[N]={ 2,2,2,3,4,4,5,6,6,6,6,7,7,8,9,9,10,10,10,11}, i, n;
    printf("The original data : \n");
    for(i=0; i<N; i++)  printf("%3d",a[i]);
    n=fun(a,N);
    printf("\nThe data after deleted: \n");
    for(i=0; i<n; i++)  printf("%3d",a[i]);
    printf("\n%3d",n); }
```

12．编写 fun 函数，返回 a 所指数组中最小的值所在的下标值。

```
#include<stdio.h>
#define N 10
int fun(int *a, int n)
{              }
void main()
{   int a[N],col,i;
    for(i=0;i<N;i++)
       scanf("%d",&a[i]);
    col=fun(a,N);
    printf("The smallest is %d\n",col);
}
```

13．编写 huiwen 函数，检查一个字符串是否是回文，当字符串是回文时，函数返回字符串 yes!，否则函数返回字符串 no!，并在 main 函数中输出。回文即正向与反向的拼写都一样，如 adgda。

```
#include<stdio.h>
#include<string.h>
char *huiwen(char *str)
{            }
void main()
{   char str[50];
    printf("Input:"); scanf("%s",str);
    printf("%s\n", huiwen(str) );
}
```

14．编写 sstrcat 函数，实现字符串的连接，即将 t 所指字符串复制到 s 所指字符串的尾部。例如，s 所指字符串为 abcd，t 所指字符串为 efgh，调用 sstrcat 函数后 s 所指字符串为 abcdefgh。

```
#include<stdio.h>
#include<string.h>
void sstrcat(char *s, char *t)
{      }
void  main()
{
    char str1[20],str2[20];
    gets(str1);
    gets(str2);
    sstrcat(str1,str2);
    printf("%s",str1);
}
```

15．编写 rotate 函数，将 a 所指 N 行 N 列的二维数组中的最后一行放到 b 所指二维数组的第 0 列中，把 a 所指二维数组中的第 0 行放到 b 所指二维数组的最后一列中，b 所指二维数组中其他数据不变。

```
#include<stdio.h>
#include<string.h>
#define N 4
void rotate(int a[][N], int b[][N])
{           }
void  main()
{   int a[N][N],b[N][N],i,j;
    for(i=0;i<N;i++)
      for(j=0;j<N;j++)
        scanf("%d",&a[i][j]);
    for(i=0;i<N;i++)
      for(j=0;j<N;j++)
        scanf("%d",&b[i][j]);
    rotate(a,b);
    for(i=0;i<N;i++)
    {   for(j=0;j<N;j++)
          printf("%4d",a[i][j]);
        printf("\n");}
    for(i=0;i<N;i++)
    {   for(j=0;j<N;j++)
          printf("%4d",b[i][j]);
        printf("\n");}
}
```

16. 编写 fun 函数，返回 str 所指字符串中以形参 c 中字符开头的后续字符串的首地址。例如，str 所指字符串为 Hello!，c 中的字符为 e，则函数返回字符串 ello!的首地址。若 str 所指字符串为空串或不包括 c 中的字符，则函数返回 NULL。

```
#include<stdio.h>
char *fun(char *str,char c)
{           }
void main()
{   char *p,str[10],c;
    printf("input a string:");
    gets(str);
    printf("input a character:");
    scanf("%c",&c);
    p=fun(str,c);
```

```
    if(p==NULL)
        printf("empty or not include\n");
    else  printf("%s",p);
}
```

7.4 习题参考答案

一、选择题

1. A	2. B	3. D	4. B	5. D	6. D	7. A	8. D	9. D	10. C
11. A	12. B	13. B	14. D	15. C	16. D	17. D	18. B	19. B	20. D
21. C	22. B	23. B	24. C	25. D	26. A	27. C	28. C	29. A	30. A
31. B	32. C	33. B	34. D	35. A	36. D	37. C	38. D	39. D	40. D
41. A	42. C	43. D	44. A	45. C	46. C	47. A	48. C	49. D	50. B

二、阅读程序

1. a=0
   b=7
2. 1 2 3
   4 5 6
   7 8 9
3. max=10,index=9
4. hELLO!
5. abcd
6. -1
7. x=65
请读者分析，若去掉 p=&x;将是什么结果？
8. C51
9. 10
10. 120
11. 6
12. Afgd
13. abcDDfefDbD
14. i before the call to test=151
    i after the call to test=200
15. gae
16. 1,6
17. ABCDEFG

CDEFG
EFG
G

18. n=50
19. 9,8,7,6,5,4,3,2,1,0,
20. 5678901234
21. 6,f
22. 30
23. abcd ef g17
    abcdefg17
24. 23445
25. 22
26. accbbxxyy,bbxxyy
27. abdef
28. 15
29. xy,aaaacc
30. abcdefglkjih
31. gfedcba
32. k=4 a=12
33. 18
34. a*b*c*d*
35. −5, −12, −7
36. aabcabc
37. mybook
38. 1711717
39. Afgd
40. 0 0 0 8
41. 0 0 7 1
42. 0 6 1 1
43. 456789
44. ef
45. 7,1
46. 4
47. a=3,b=6
    a=6,b=3
48. 1 3 5 7 9 11
49. 0 1 2 3

50. January February March April May June July August September October November December

三、完善程序

1. 【1】p=p1; 【2】p1=p2; 【3】p2=p;
2. 【1】p=&a[1];
3. 【1】aver=average(num,N);
4. 【1】low=mid+1
5. 【1】for(j=i+1;j<10;j++)
6. 【1】printf("%d ",*(*(p+i)+j));
7. 【1】printf("%-4d",*p);
8. 【1】total=arr_add(p,12);
9. 【1】pt=arr_add;
10. 【1】s++; 【2】*s='\0';
11. 【1】p=(char*)malloc(100);
12. 【1】printf("%d mouth:%s\n",n,mouth_name(n));
13. 【1】pt=strcat(string1,string2);
14. 【1】a[i++]=*p;
15. 【1】printf("%s\n",string[i]);
16. 【1】s[j++]=s[i]
17. 【1】c=(*p)(a,b);
18. 【1】max=(*p)(a,b);
19. 【1】a[i]!='*' 【2】a[j]='\0';
20. 【1】s[i]%2==0 【2】t[j]=0;

四、改错

1. 错误 *p1=x;
   改正 p1=&x;
2. 错误 char *a;
   改正 char a[10];
3. 错误 int *a;
   改正 double *a;
4. 错误 scanf("%d",*p);
   改正 scanf("%d",p);
5. 错误 p=x;
   改正 p=&x;
6. 错误 str[i]=s[m -1];
   改正 str[i]=s[m+i-1];

7．错误　return f(x,n−1)/(*x);
改正　return f(x,n+1)/(*x);

8．错误　int *p;
改正　int p;

9．错误　printf("%d,",*a);
改正　printf("%d,",*(a+i));

10．错误　printf("%3d",*a);
改正　printf("%3d",*(a+i));

11．错误　printf("%d\n",*p);
改正　printf("%d\n",*(*(p+i)+j));

12．错误　ps−−;
改正　ps++;

13．错误　if(kk=i)
改正　if(kk!=i)

14．错误　if(strcmp(name[j+1],name[j]>0)
改正　if(strcmp(name[j],name[j+1]>0)

五、编程题

1．参考程序：

```
#include "stdio.h"
void main()
{   char x[]="computer",*p;
    printf("\n");
     for(p=x;p<x+7;p+=2)
    putchar(*p);
    printf("\n");
}
```

2．参考程序：

```
#include "stdio.h"
void main()
{   int a[][3]={2,4,6,8,10,12};
    int  (*p)[3],i,j;
    p=a;
    scanf("%d,%d",&i,&j);
    printf("a[%d][%d]=%d\n",i,j,*(*(p+i)+j));
}
```

3．参考程序：

```
#include"stdio.h"
```

```
#define M 8
void main()
{   int a[M],i,j,t;
     for(i=0;i<M;i++)
       scanf("%d",a+i);
    i=0;
    j=M-1;
    while(i<j)
    {   t=*(a+i);
        *(a+i)= *(a+j);
        *(a+j)=t;
        i++;
        j--;}
    for(i=0;i<M;i++)
      printf("%3d",*(a+i));
}
```

4. 参考程序：

```
void sort(char *p,int m)
{   int i;
    char temp, *p1,*p2;
    for(i=0;i<m;i++)
    {  p1=p+i;
       p2=p+(m-1-i);
    if(p1<p2)
    {  temp=*p1;
       *p1=*p2;
       *p2=temp;}
    }
}
```

5. 参考程序：

```
#include "stdio.h"
void main()
{   int upper=0,i=0;
    char *p, s[20];
    printf("input string:");
    while((s[i]=getchar())!='\n') i++;
        p=&s[0];
    while(*p!='\n')
    {  if(('A'<=*p)&&(*p<='Z'))
         ++upper;
```

```
      p++;
   }
   printf("upper case:%d",upper);
}
```

6. 参考程序：

```
int length(char *p)
{   int n;
    n=0;
    while(*p!='\0')
    {  n++;
       p++;
    }
    return(n);
}
```

7. 参考程序：

```
void fun(char *s, char t[])
{   int i=0,j=0;
      while(s[i])
      {   if(s[i]%2!=0)
          {
             t[j]=s[i];
             j++;
          }
          i++;
      }
      t[j]='\0';
}
```

8. 参考程序：

```
void fun(char *s, char *t)
{int i=0,j=0;
    while(s[i])
    {   if(i%2!=0)
        {
           t[j]=s[i];
           j++;
        }
        i++;
    }
    t[j]=0;
}
```

9. 参考程序：

```
void fun(int dataArray[], int *num, int value)
{
    int i,n=0;
    for(i=0;i<*num;i++)
      if(dataArray[i]!=value)
       {dataArray[n++]=dataArray[i];}
    *num=n;
}
```

10. 参考程序：

```
void fun( char *a )
{   int i=0,j=0,n;
    while(a[i]=='*')  i++;
    n=i;
    while(a[i])
       { a[j]=a[i];  i++;j++; }
    while(n)
       { a[j++]='*';n--;}
}
```

11. 参考程序：

```
int fun(int a[], int n)
{   int i,j=1;
    for(i=1;i<n;i++)
        if(a[j-1]!= a[i])
           a[j++]=a[i];
    return j;
}
```

12. 参考程序：

```
int fun(int *a, int n)
{   int i,j=0,p;    p=j;
    for(i=j;i<n;i++)
      if(a[i]<a[p])
        p=i;
    return(p);}
```

13. 参考程序：

```
char *huiwen(char *str)
{   char *p1,*p2; int i,t=0;
```

```
    p1=str;p2= str+strlen(str)-1 ;
    for(i=0;i<=strlen(str)/2;i++)
      if(*p1++!=*p2--) {t=1;break;}
    if(t==0) return("yes!");
    else return("no!");
}
```

14. 参考程序：

```
void sstrcat(char *s, char *t)
{   int n;
    n=strlen(s);
    while(*(s+n)= *t)
        {s++; t++;}
}
```

15. 参考程序：

```
void rotate(int a[][N], int b[][N])
{   int i;
    for(i=0; i<N;i++)
      {b[i][N-1]=a[0][i]; b[i][0]=a[N-1][i]; }
}
```

16. 参考程序：

```
char *fun(char *str,char c)
{   int n=0; char *p=str ;
    if(p!=NULL)
      while(p[n]!=c&&p[n]!='\0') n++;
    if(p[n]=='\0') return NULL;
    return(str+n );
}
```

第8章　预　编　译

8.1　知 识 要 点

1. 宏

- 定义无参宏：

```
#define　宏名　字符串
```

- 定义带参宏：

```
#define　宏名(参数表)　字符串
```

注意：宏替换只是简单的字符替换。在进行带参宏替换时要尤其注意。

2. 文件包含

- 格式一：

```
#include <文件名>
```

- 格式二：

```
#include "文件名"
```

3. 条件编译

出于对程序代码优化的考虑，希望对源程序中的一部分内容只是在满足一定条件下才进行编译，以形成目标代码。这种对程序的一部分内容指定编译的条件称为条件编译。

8.2　典型例题与分析

【例题 1】下列关于宏定义的描述，不正确的是（　　）。

A．宏替换不占用运行时间

B．宏替换只是字符替换

C．宏替换时先求出实参表达式的值，然后代入形参运算求值

D．宏名无类型

【解析】选 C。此例考查的是宏替换的基本概念与函数的简单比较。宏替换的实质是字符替代，因此不会涉及数据类型，也不能进行计算，所以 C 项是不正确的描述。带参数的宏与函数相比，宏在编译以前已经将代码替换到程序中，执行时不会产生类似于函数调用的问题，因此不占用运行时间。因此应选 C。

【例题2】在以下程序中，第一个输出值是（①），第二个输出值是（②）。

```
#include "stdio.h"
#define  M  3
#define  N  M+1
#define  L  N*N/2
void main()
{   printf("%d\n",L);
    printf("%d\n",5*L);}
```

① A. 3　　B. 4　　C. 6　　D. 8

② A. 17　　B. 18　　C. 30　　D. 40

【解析】程序中定义了 3 个不带参数的宏名：M、N、L。在进行宏展开时，只需将宏名用宏定义中的字符串代替即可。所以，L 代换成 N*N/2，再将 N 代替成 M+1，即 M+1*M+1/2，进一步将 M 代换成 3，有 3+1*3+1/2，其值为 6，故第一个输出值为 6。所以①的答案是 C。同理，5*L 可代换成 5*3+1*3+1/2，其值为 18。所以②的答案是 B。

【例题3】以下程序的输出结果是（　　）。

```
#include "stdio.h"
#define  FUDGE(y)  2.84+y
#define  PR(a)    printf("%d",(int)(a))
#define  PRINT1(a)  PR(a);putchar('\n')
void main()
{   int x=2;
 PRINT1(FUDGE(5)*x); }
```

A. 11　　B. 12　　C. 13　　D. 14

【解析】选 B。程序中定义了 3 个带参数的宏名：FUDGE、PR、PRINT1。在 main 函数的宏调用中，首先遇到的宏名是 PRINT1，它所带的实参为 FUDGE(5)*x。按照宏展开的原则将其展开为：

```
PR(FUDGE(5)*x); putchar('\n');
```

展开后的字符串又带有宏名 PR 和 FUDGE，再将宏名 PR 展开为：

```
printf("%d",(int)( FUDGE(5)*x)); putchar('\n');
```

再将宏名 FUDGE 展开，并代入 x 的值，最后得到：

```
printf("%d",(int)(2.84+5*2)); putchar('\n');
```

其中的(int)为强制类型转换，在运行时，以上语句的输出结果是 12。所以答案为B。

注意：当多个宏名同时出现时，分析宏展开并没有先后次序的要求。但要切记，由于宏展开是在预编译时实现的，故对展开中的类似表达式形式的字符串不能先求值，只是进行简单的字符替换。

【例题 4】以下程序的输出结果是（　　）。

```
#include "stdio.h"
#define   PT   3.5
#define   S(x)   PT*x*x
void main()
{  int a=1,b=2;
   printf("%4.1f\n",S(a+b));}
```

A．14.0　　　B．31.5　　　C．7.5　　　D．10.5

【解析】选 C。程序中定义了一个不带参数的宏名 PT 和一个带参数的宏名 S。预编译时，遇到宏名 S 则进行宏展开，即将形参 x 以实参 a+b 代替，将宏名 PT 以 3.5 代替，从而形成了展开后的内容，即 3.5*a+b*a+b。

注意：不要人为加括号写成 3.5*(a+b)*(a+b)。运行时将 a、b 的值代入得到 3.5*1+2*1+2=3.5+2+2=7.5。所以正确答案是 C。

【例题 5】以下程序的输出结果是（　　）。

```
#include <stdio.h>
#define  SQR(x)   x*x
void main()
{  int a,k=3;
   a=++SQR(k+1);
   printf("%d\n",a); }
```

【解析】程序中定义了一个带参数的宏名 SQR。当程序中遇此宏名进行展开时，则应使用定义时的字符串 x*x 进行置换。置换的原则是，遇到形参 x 则以实参 k+1 代替，其他字符不变。所以 SQR(k+1)经宏展开后成为字符串 k+1*k+1。整个赋值语句的形式变成 a=++k+1*k+1;，k 的初值是 3，k 先自增 1 变为 4，则 a=4+1*4+1=9。所以程序的输出结果是 9。

【例题 6】下列叙述不正确的是（　　）。

A．#include 命令可以包含一个含有函数定义的 C 语言源程序文件

B．使用 #include <文件名>的形式比使用 #include "文件名" 形式节省编译时间

C．#include "C:\\USER\\F1.H"是正确的包含命令，它表示文件 F1.H 存放在硬盘分区 C 的 USER 目录下

D．#include<…>格式中的文件名之前可以包括路径

【解析】选 C。此例考查的是#include 命令中文件路径的写法问题。在文件包含命令#include 中，路径的写法必须遵守操作系统的规定，不能用"\\"表示"\"。所以 C 项中的写法"C:\\USER\\F1.H"应改为"C:\USER\F1.H"。

8.3 习　　题

一、选择题

1．下列叙述不正确的是（　　）。

A．C 程序在执行过程中对预处理命令行进行处理

B．在程序中凡是以“#”开始的语句行都是预处理命令行
C．预处理命令都必须以“#”号开始
D．以下是正确的宏定义

```
#define  N  IBM_PC
```

2．下列有关宏替换的叙述不正确的是（　　）。

A．宏替换不占用运行时间　　B．宏替换只是字符替换
C．宏名必须用大写字母表示　　D．宏名无类型

3．C 语言的编译系统对宏命令的处理是（　　）。

A．在程序运行时进行的
B．在程序连接时进行的
C．和 C 程序中的其他语句同时进行编译的
D．在对源程序中其他成分正式编译之前进行的

4．若有如下宏定义：

```
    #define  R  4
```

则下列说法正确的是（　　）。

A．表达式 2*R 将被展开为 2*4
B．程序中的 R 将被视为整型常量
C．程序中可用语句 R=9 来为 R 重新赋值
D．程序中的 R 将被视为字符串常量

5．若有如下宏定义：

```
#define   M(x)   x*x+2
```

则表达式 2*M(1+3)将被展开为（　　）。

A．2*((1+3)*(1+3)+2)　　B．2*1+3*1+3+2
C．2*(1+3*1+3+2)　　D．2*(1+3)*(1+3)+2

6．若有如下宏定义：

```
#define   M(x)   ((x)*(x)+2)
```

则表达式 2*M(1+3)将被展开为（　　）。

A．2*((1+3)*(1+3)+2)　　B．2*1+3*1+3+2
C．2*(1+3*1+3+2)　　D．2*(1+3)*(1+3)+2

7．以下程序的输出结果是（　　）。

```
#include "stdio.h"
#define  MAX(x,y)  (x)>(y)?(x):( y)
void  main()
{      int a=1,b=2,c=3,d=4,t;
  t=MAX(a+b,c+d)*100;
  printf("%d\n",t);}
```

A．5　　B．700　　C．3　　D．300

8．下列叙述正确的是（　　）。

A．在程序的一行上可以出现多个预处理命令行

B．预处理行是C的合法语句

C．被包含的文件不一定以.h作为扩展名

D．在以下定义中C R是称为“宏名”的标识符

```
#define  C R  37.6921
```

9．若有以下定义：

```
#define  N  2
#define  Y(n)  ((N+1)*n)
```

则执行语句 z=2*(N+Y(5));后的结果是（　　）。

A．z=34　　B．z=70

C．z无定值　　D．语句有错

10．下列叙述中正确的是（　　）。

A．C语言的预处理功能是指完成宏替换和包含文件的调用

B．凡是C源程序中行首以“#”标识的控制行都是预处理的指令

C．预处理指令只能位于C源程序文件的首部

D．C语言的编译预处理是对源程序进行初步的语法检查

二、阅读程序

1．以下程序的输出结果是________。

```
#include "stdio.h"
#define  RHMS(X,H,M,S)  H=X/3600;M=X%3600;S=M%60; M=M/60
void main()
{   int  h,m,s;
    RHMS(4111,h,m,s);
    printf("h=%d,m=%d,s=%d\n",h,m,s);}
```

2．以下程序的输出结果是________。

```
#include "stdio.h"
#define  hms(H,M,S)   3600*H+60*M+S
void main()
{      int  hour,minute,sec;
   hour=1;
   minute=8;
   sec=31;
   sec=hms(hour,minute,sec)*2;
   printf("%d\n",sec);}
```

3. 以下程序的输出结果是________。

```
#include "stdio.h"
#define  pr(a)   printf("%d\t",(int)(a))
#define  print(a)   pr(a);putchar('\n')
#define  print2(a,b)   pr(a);print(b)
#define  print3(a,b,c)  pr(a);print2(b,c)
#define  max(a,b)   (a<b?b:a)
void main()
{       int  x=1,y=2;
        print3(max(x++,y),x,y);
        print3(max(x++,y),x,y);}
```

4. 以下程序的输出结果是________。

```
#include "stdio.h"
#define  neg(a)  a*a
#define  pr(a)  printf("%d\t",(int)(a))
#define  print(a)   pr(a);putchar('\n')
void main()
{        int x=1;
     print(-neg(x));}
```

5. 运行时，若输入 x 的值为 5，则以下程序的输出结果是________。

```
#include "stdio.h"
#define  PI   3.14159265
#define  CIRCUM(r)   2.0*PI*(r)
#define  AREA(r)   PI*(r)*(r)
void main()
{        double x;
     scanf("%lf",&x);
     printf("circum=%f,area=%f\n",CIRCUM(x),AREA(x));}
```

6. 以下程序的输出结果是________。

```
#include "stdio.h"
#define  MAX(x,y)   (x)>(y)?(x):( y)
void main()
{      int  a=1,b=2,c=3,d=2,t;
       t=MAX(a+b,c+d)*100;
       printf("%d\n",t);}
```

7. 以下程序的输出结果是________。

```
#include "stdio.h"
#define  MUL(x,y)   (x)*y
```

```
void main()
{      int  a=3,b=4,c;
       c=MUL(a++,b++);
       printf("%d\n",c);}
```

8. 以下程序的输出结果是________。

```
#include "stdio.h"
#define  MAX(A,B)   (A)>(B)?(A):(B)
#define  PRINT(Y)   printf("Y=%d\t",Y)
void main()
{      int  a=1,b=2,c=3,d=4,t;
   t=MAX(a+b,c+d);
       PRINT(t);}
```

9. 以下程序的输出结果是________。

```
#include "stdio.h"
#define  PT  5.5
#define   S(x)  PT*x*x
void main()
{      int a=1,b=2;
       printf("%f\n",S(a+b));}
```

10. 以下程序的输出结果是________。

```
#include "stdio.h"
#define   A   4
#define   B(x)   A*x/2
void main()
{      double  c,a=4.5;
       c=B(a);
       printf("%lf\n",c);}
```

三、改错

1. 以下程序的输出结果是 9。

```
#include "stdio.h"
/***********ERROR*********/
#define  DOUBLE  (r)*(r)
void main()
{      int  x=1,y=2,t;
       t=DOUBLE(x+y);
       printf("%d\n",t);  }
```

错误________________

改正________________

2．以下程序的输出结果是 9。

```
#include "stdio.h"
/***********ERROR*********/
#define  MUL(z)   z*(z)
void main()
{     printf("%d\n",MUL(1+2));}
```

错误________________

改正________________

3．以下程序的输出结果是 9。

```
#include "stdio.h"
#define  MAX(a,b)  (a>b?a:b)+1
void main()
{     int  i=6,j=8;
      /***********ERROR*********/
  printf("%d\n",MAX(i)); }
```

错误________________

改正________________

4．以下程序的输出结果是 2。

```
#include "stdio.h"
#define  SELECT(a,b)  a<b?a:b
void main()
{     int m=2,n=4;
      /***********ERROR*********/
  printf("%d\n",SELECT(m));}
```

错误________________

改正________________

5．以下程序的输出结果是 c=2。

```
#include "stdio.h"
/***********ERROR*********/
void main()
{     int  a=20,b=10,c;
  c=a/b;
  #ifndef  DEBUG
      printf("a=%o,b=%o",a,b);
  #else
```

```
        printf("c=%d\n",c);
    #endif
    }
```

错误________________

改正________________

四、编程题

1. 求两数相除的余数（用宏定义实现）。
2. 将两个整数数组对应位置上的元素交换（用宏定义实现）。

8.4 习题参考答案

一、选择题

1. A 2. C 3. D 4. A 5. B 6. A 7. B 8. C 9. A 10. B

二、阅读程序

1. h=1,m=8,s=31
2. 4142
3. 2 2 2

   3 4 2
4. -1
5. circum=31.415927,area=78.539816
6. 500
7. 12
8. Y=7
9. 9.500000
10. 9.000000

三、改错

1. 错误 #define DOUBLE(r)*(r)

   改正 #define DOUBLE(r)(r)*(r)
2. 错误 #define MUL(z)z*(z)

   改正 #define MUL(z) (z)*(z)
3. 错误 printf("%d\n",MAX(i));

   改正 printf("%d\n",MAX(i,j));
4. 错误 printf("%d\n",SELECT(m));

   改正 printf("%d\n",SELECT(m,n));

5. 改正 在第二行插入#define DEBUG

四、编程题

1. 参考程序：

```
#include "stdio.h"
#define  MOD(a,b)   (a%b)
void main()
{     int  a,b;
  printf("\ninput  a,b:\n");
  scanf("%d,%d",&a,&b);
  printf("%d\n",MOD(a,b));
}
```

2. 参考程序：

```
#include "stdio.h"
#define  swap(x,y)  {t=x;x=y;y=t;}
void main()
{     int  i,a[10],b[10];
  int  t;
  printf("\ninput  array1:\n");
  for(i=0;i<10;i++)
      scanf("%d",&a[i]);
  printf("input  array2:\n");
  for(i=0;i<10;i++)
      scanf("%d",&b[i]);
  for(i=0;i<10;i++)
      swap(a[i],b[i]);
  printf("Now the array1 is :\n");
  for(i=0;i<10;i++)
      printf("%4d",a[i]);
  printf("\n");
  printf("Now the array2 is :\n");
  for(i=0;i<10;i++)
    printf("%4d",b[i]);
}
```

第 9 章　结构体与共用体

9.1 知识要点

1. 结构体变量类型定义和引用

● 定义结构体类型的一般格式：

```
struct 结构体名
{  数据类型    成员名 1;
   数据类型    成员名 2;
   ......
   数据类型    成员名 n;  };
```

有了新的结构体类型，就可以用这种类型来定义变量和数组了。

● 定义结构体变量一般格式：

```
struct    结构体名    结构体变量名表
```

● 定义结构体数组一般格式：

```
struct    结构体名    结构体数组名[常量表达式]
```

● 结构体指针是指向一个结构体变量的指针，定义格式如下：

```
struct    结构体名    *结构体指针名
```

2. 链表

单链表的连接原则：前一个结点指向下一个结点；只有通过前一个结点才能找到下一个结点。为实现链表操作，需要动态地分配和释放内存空间。这需要使用 malloc 函数和 free 函数。

3. 共用体

● 定义共用体类型的一般格式：

```
union    共用体类型名
{    数据类型    成员名 1;
     数据类型    成员名 2;
         ......
     数据类型    成员名 n  ;};
```

- 定义共用体变量的一般格式：

```
union    共用体类型名  共用体变量表
```

注意：不能把共用体变量作为函数参数，但可以使用指向共用体变量的指针作为函数参数。

9.2　典型例题与分析

【例题 1】写出以下程序的输出结果。

```
#include "stdio.h"
struct  student
{   char  name[18];
    char  num[8];
    char  sex[2];
    int  age;
}stu[10]={"WangLi","020101","m",20};
void main()
{   printf("%d\n",sizeof(struct student));
    stu[1]=stu[0];
    printf("%s,%s,%s,%d\n",stu[1].name,stu[1].num,stu[1].sex,stu[1].age);
}
```

【解析】sizeof 运算符可以得到指定数据类型或表达式所占内存空间的字节数，此例中 4 个结构体成员所占字节数之和为 32，即为结构体类型 student 所占空间的字节数。将一个结构体变量赋值给另一个结构体变量，是将源结构体变量的空间内容整体复制到目的结构体变量的空间中。此例中 stu[1]的成员内容与 stu[0] 的成员内容完全一样，程序的输出结果如下：

```
32
WangLi,020101,m,20
```

【例题 2】以下程序的输出结果是________。

```
#include "stdio.h"
typedef  union
{   long  i;
    int  k[5];
    char  c;
} DATE;
struct  date
{   int  cat;
    DATE  cow;
```

```
    double  dog;
} too;
DATE  max;
void main()
{
     printf("%d\n",sizeof(struct date)+sizeof(max));
}
```

【解析】共用体 DATE 的大小是最大成员 k[5]的大小，所以 sizeof(max)=2*5=10，即 10 字节。结构体 date 的大小是所有成员的总和，所以 sizeof(struct date)=2+10+8=20，即 20 字节。因此程序的输出结果为 30。（注意，如果在 Microsoft Visual C++ 6.0 下运行，会得到不同的结果，这是因为在不同的 C 语言系统中，基本数据类型所占的字节数略有不同。）

【例题 3】假设有如下定义：

```
struct  date
{
    int year,month,day;
};
struct  worklist
{
     char  name[20];
     char  sex;
     struct  date  birthday;
}person;
```

对结构体变量 person 的出生年份进行赋值时，下列正确的赋值语句是（　　）。

A．year=1988

B．birthday.year=1988

C．person.birthday.year=1988

D．person.year=1988

【解析】选 C。结构体 person 的成员 birthday 也是结构体变量，由结构体的性质可知，对 person 的 birthday 成员的引用应为 C。

【例题 4】以下程序的输出结果是________。

```
#include "stdio.h"
void main()
{
    union
    {   char  s[2];
        int  i;
    }a;
    a.i=0x1234;
    printf("%x,%x\n",a.s[0],a.s[1]);
}
```

【解析】本例使用一个共用体将一个整数的高低位字节分离出来，十六进制数 0x1234 的高位是 0x12(对应 a.s[1])，低位是 0x34(对应 a.s[0])。所以答案为 34,12。

9.3　习　　题

一、选择题

1．已知学生记录描述如下：

```
struct  student
{   int  no;
    char  name[20];
    char  sex;
  struct
  {   int  year;
      int  month;
      int  day;
  }birth;
};
struct  student  s;
```

设变量 s 中的“生日”应是“1984 年 11 月 11 日”，则下列对“生日”的正确赋值方式是（　　）。

A．year=1984;
month=11;
day=11;

B．birth.year=1984;
birth.month=11;
birth.day=11;

C．s.year=1984;
s.month=11;
s.day=11;

D．s.birth.year=1984;
s.birth.month=11;
s.birth.day=11;

2．当声明一个结构体变量时，系统分配给它的存储空间是（　　）。

A．各成员所需内存量的总和

B．结构中第一个成员所需内存量

C．成员中占内存量最大者所需的容量

D．结构中最后一个成员所需内存量

3．下列对结构体类型变量的定义不正确的是（　　）。

A．
```
#define  STUDENT  struct  student
STUDENT
{   int  num;
    float  age;
}std1;
```

B．struct student
```
{   int  num;
    float  age;
}std1;
```
C．struct
```
{   int  num;
    float  age;
}std1;
```
D．struct
```
{   int  num;
    float  age;
};
struct  student  std1;
```
4．设有如下声明语句：

```
struct  stu
{   int  a;
    float  b;
}stutype;
```

则下列叙述不正确的是（　　）。

A．struct是结构体类型的关键字

B．struct stu是用户定义的结构体类型

C．stutype是用户定义的结构体类型名

D．a和b都是结构体成员名

5．C语言中结构体类型变量在程序执行期间（　　）。

A．所有成员一直驻留在内存中　　B．只有一个成员驻留在内存中

C．部分成员驻留在内存中　　D．没有成员驻留在内存中

6．在某编译环境下，若整型数据占2字节，字符型数据占1字节，双精度浮点型数据占8字节，有如下定义：

```
struct  data
{   int  i;
    char  ch;
    double  f;
}b;
```

则结构体变量b在内存所占字节数是（　　）。

A．1　　B．2　　C．8　　D．11

7．当声明一个共用体变量时，系统分配给它的存储空间是（　　）。

A．各成员所需内存量的总和

B．结构中第一个成员所需内存量

C．成员中占内存量最大者所需的容量

D．结构中最后一个成员所需内存量

8．C 语言中共用体类型变量在程序运行期间（　　）。

A．所有成员一直驻留在内存中　　B．只有一个成员驻留在内存中

C．部分成员驻留在内存中　　D．没有成员驻留在内存中

9．下列关于 C 语言中共用体类型数据的叙述正确的是（　　）。

A．可以对共用体变量名直接赋值

B．一个共用体变量中可以同时存放其所有成员

C．一个共用体变量中不能同时存放其所有成员

D．共用体类型定义中不能出现结构体类型的成员

10．假设有如下声明，则下列叙述不正确的是（　　）。

```
union  data
{   int  i;
    char  c;
    double  f;
}a;
```

A．a 所占的内存长度等于成员 f 的长度

B．a 的地址和它的各成员的地址都是同一地址

C．a 可以作为函数参数

D．不能对 a 赋值，但是可以在定义 a 的时候对它初始化

11．设有如下声明：

```
typedef  struct  {int  n;  char  c;  double  x;}STD;
```

则在下列选项中，能正确定义结构体数组并赋予初值的语句是（　　）。

A．STD tt[2]={{1,'A',62},{2,'b',75}}

B．STD tt[2]={1,"A",62,2,"B",75}

C．struct tt[2]={{1,'A'},{2,'B'}}

D．struct tt[2]={{1,"A",62},{2,"B",75}}

12．若有如下定义：

```
struct  person
{   char  name[20];
    int  age;
}
struct  person  class[10]={"John",19,"Bob",21,"Mary",18,"Ada",22};
```

根据上述定义，下列能输出字母“M”的语句是（　　）。

A．printf("%c\n",class[3].name);

B．printf("%c\n",class[3].name[1]);

C．printf("%c\n",class[2].name[1]);

D．printf("%c\n",class[2].name[0]);

13．若有以下程序段：

```
struct  st
{   int  x;
    int  y;
}*p;
int a[]={1,2};
int b[]={3,4};
struct  st  c[2]={10,a,20,b};
p=c;
```

则下列表达式的值为 11 的是（　　）。

A．*p->y　　　　B．p->x

C．++p->x　　　　D．(p++)->x

14．设有如下定义：

```
struct  sk
{   int  a;
    float  b;
}data;
int  *p;
```

若要使 p 指向 data 中的 a 域，正确的赋值语句是（　　）。

A．p=&a;　　　　B．p=data.a;

C．p=&data.a;　　　　D．*p=data.a

15．若有如下定义：

```
struct  student
{   int  age;
    char  num [8];
};
struct  student  stu[3]={{20,"200901"},{21,"200902"},{19,"200903"}};
struct  student  *p=stu;
```

则下列引用结构体成员的表达式中，不正确的是（　　）。

A．(p++)->num　　　　B．p->num

C．(*p).num　　　　D．stu[3].age

16．若有以下程序：

```
#include "stdio.h"
struct  st  {int x,y;};
struct  st  data[2]={1,20,2,20};
```

```
void main()
{
  struct  st  *p=data;
  printf("%d,%d",p->y,(++p)->x);
}
```

则它的输出结果是（　　）。

A．10,1　　B．20,1　　C．10,2　　D．20,2

17．若有如下定义：

```
union  data
{   int  i;
    char  c;
    double  f;
}x;
int  y;
```

则下列语句正确的是（　　）。

A．x=10.5　　B．x.c=101

C．y=x　　D．printf("%d\n",x)

18．若有以下定义：

```
union  dt
{   int  a;
    char  b;
    double  c;
}data;
```

则下列叙述错误的是（　　）。

A．data 的每个成员起始地址都相同

B．变量 data 所占的内存字节数与成员 c 所占字节数相等

C．若 data.a=5，则 data.c 的值不为 5

D．变量 data 可以作为函数参数

19．以下程序的输出结果是（　　）。

```
#include "stdio.h"
union  myun
{   struct
    {int x,y,z;}u;
    int k;
}a;
void  main()
{   a.u.x=4;
    a.u.y=5;
```

```
    a.u.z=6;
    a.k=0;
    printf("%d\n",a.u.x);}
```

A. 4　　B. 5　　C. 6　　D. 0

二、阅读程序

1. 以下程序的输出结果是________。

```
#include "stdio.h"
void main()
{   union
    {   long  a;
        int  b;
        char  c;
    }m;
  printf("%d\n",sizeof(m));
}
```

2. 以下程序的输出结果是________。

```
#include "stdio.h"
struct  n
{   int  x;
    char  c;
 };
void func(struct  n  b)
{   b.x=20;
    b.c='y';
}
void main()
{   struct  n  a={10,'x'};
    func(a);
    printf("%d,%c",a.x,a.c);
 }
```

3. 以下程序的输出结果是________。

```
#include "stdio.h"
void main()
{   struct  EXAMPLE
    {   struct
        {   int  x;
            int  y;
        }in;
```

```
        int  a;
        int  b;
    }e;
    e.a=1;
    e.b=2;
    e.in.x=e.a*e.b;
    e.in.y=e.a+e.b;
    printf("%d,%d",e.in.x,e.in.y);
}
```

4. 以下程序的输出结果是________。

```
#include "stdio.h"
typedef  int  INT;
void main()
{   INT  a,b;
    a=5;
    b=6;
    printf("a=%d\tb=%d\n",a,b);
   {    float  INT;
        INT=3.0;
        printf("2*INT=%.2f\n",2*INT);
   }
}
```

5. 以下程序的输出结果是________。

```
#include "stdio.h"
struct  s
{   int  n;
    int  *m;
}*p;
int  d[5]={30,10,40,20,50};
struct  s  arr[5]={300,&d[0],100,&d[1],400,&d[2],200,&d[3],500,&d[4]};
void main()
{
    p=arr;
    printf("%d,",++p->n);
    printf("%d,",(++p)->n);
    printf("%d\n",++(*p->m));
}
```

6. 以下程序的输出结果是________。

```
#include "stdio.h"
```

```
struct  STU
{   char  name[10];
    int  num;
    double  TotalScore;};
void f(struct  STU  *p)
{   struct STU  s[2]={{"SunDan",20044,550},{"PengHua",20045,537}}, *q=s;
    ++p;
    ++q;
    *p=*q;
 }
void main()
{   struct STU  s[3]={{"YangHai",20041,590},{"LiLi",20042,565}};
    f(s);
    printf("%s,%d,%lf\n",s[1].name,s[1].num,s[1].TotalScore);
 }
```

7. 以下程序的输出结果是________。

```
#include "stdio.h"
struct  s
{   int  n;
    int  a[20];};
void f(int  *a, int  n)
{   int  i;
    for(i=0;i<n-1;i++)
        a[i]+=i;
}
void main()
{   int  i;
    struct s  x={10,{2,3,1,6,8,7,5,4,10,9}};
    f(x.a,x.n);
    for(i=0;i<x.n;i++)
        printf("%d,",x.a[i]);
}
```

8. 以下程序的输出结果是________。

```
#include "stdio.h"
struct  tt
{   int x;
    struct  tt  *y;
 }*p;
struct tt  a[4]={20,a+1,15,a+2,30,a+3,17,a};
void main()
```

```
{   int  i;
    p=a;
    for(i=1;i<=2;i++)
    {   printf("%d,",p->x);
        p=p->y;
    }
}
```

9．以下程序的输出结果是________。

```
#include "stdio.h"
#include "string.h"
struct  A
{   int  a;
    char  b[10];
    double  c;
};
void f(struct  A  *t)
{  strcpy(t->b,"ZhangLi");}
void main()
{   struct  A a={1001,"LiuYang",1098};
    f(&a);
    printf("%d,%s,%lf",a.a,a.b,a.c);}
```

10．以下程序的输出结果是________。

```
#include "stdio.h"
union  student
{   char  name[10];
    long  sn;
    char  sex;
    double  score[4];
};
void main()
{   union  student  s[5];
    printf("%d\n",sizeof(s));
}
```

三、编程题

1．试利用结构体类型编制一程序，实现输入一个学生某一科的期中和期末考试成绩，然后计算并输出其平均成绩。

*2．编写一个程序，读入一行字符，且每个字符存入一个结点，按输入的顺序建立一

个链表的结点序列，然后按照相反的顺序输出并释放全部的结点。

3. 编写一个函数，输出一个学生的成绩数组，这个数组中有5个学生的数据记录，每个记录包括学号num、姓名name、分数score[3]，用main函数输入这些记录，用这个函数输出这些记录。

9.4 习题参考答案

一、选择题

1. D　2. A　3. D　4. C　5. A　6. D　7. C　8. B　9. C　10. C
11. A　12. D　13. C　14. C　15. D　16. D　17. B　18. D　19. D

二、阅读程序

1. 4
2. 10,x
3. 2,3
4. a=5　　b=6
   2*INT=6.00
5. 301,100,11
6. PengHua,20045,537.000000
7. 2,4,3,9,12,12,11,11,18,9,
8. 20,15,
9. 1001,ZhangLi,1098.000000
10. 160

三、编程题

1. 参考程序：

```
#include "stdio.h"
void main()
{   struct  study
    {
      int mid;
      int end;
      int average;
    }math;
   scanf("%d  %d",&math.mid,&math.end);
   math.average=(math.mid+math.end)/2;
   printf("average=%d\n",math.average);
```

```
}
```

*2. 说明：使用前插法建立一个链表，然后从前向后输出结点的 info 域值。malloc 函数的功能是在内存中开辟一个区域，区域的大小等于函数参数给定的大小。

```
#include "stdio.h"
#include "malloc.h"
#define getnode(type)  ((type *)malloc(sizeof(type)))
#define null 0
void main()
{
    struct node
    {  char info;
       struct node *link;
    }*top,*p;
    char c;
    top=null;
    printf("\ninput a string:");
    while((c=getchar())!='\n')
    {
        p=getnode(struct node);
        p->info=c;
        p->link=top;
        top=p;
    }
    printf("\nthe result is:");
    while(top!=null)
    {
      p=top;
      top=p->link;
      printf("%c",p->info);
      free(p);
    }
    printf("\n");
}
```

3. 参考程序：

```
#include "stdio.h"
struct student
{   char num[6];
    char name[10];
    int score[3];
}stu[5];
```

```
pri(struct student stu[6])
{   int i,j;
    printf("\n NO.name score1 score2 score3\n");
    for(i=0;i<5;i++)
    {   printf("%4s%10s",stu[i].num,stu[i].name);
        for(j=0;j<3;j++)
           printf("%9d",stu[i].score[j]);
        printf("\n");
    }
}
void main()
{   int i,j;
    for(i=0;i<5;i++)
    {   printf("\ninput score of student %d:",i+1);
        printf("\nNO.:");
        scanf("%s",stu[i].num);
        printf("\nname:");
        scanf("%s",stu[i].name) ;
        for(j=0;j<3;j++)
        {   printf("score %d:",j+1);
            scanf("%d",&stu[i].score[j]);
        }
        printf("\n");
    }
    pri(stu);
}
```

第 10 章　位　运　算

10.1　知 识 要 点

1. 位运算符

位运算符如表 1.10.1 所示。

表 1.10.1　位运算符

对象数	名　称	运算符	运算规则	运算对象	运算结果
单　目	取反	~	~1 为 0，~0 为 1		
	按位与	&	与运算		
	按位或	|	或运算		
双　目	按位异或	^	异或运算	整型或字符型	整型
	左移	<<	a<<n，a 向左移 n 位		
	右移	>>	a>>n，a 向右移 n 位		

2. 位运算符的运算功能

- 与运算可将某数中的特定位清零；
- 或运算可将某数中的特定位置 1；
- 异或运算可将某数中的特定位翻转。

10.2　典型例题与分析

【例题 1】表达式 0x13|0x17 的值是（　　）。

A．0x13　　B．0x17　　C．0xE8　　D．0xC8

【解析】选 B。按位或运算和逻辑运算规则类似，将两个操作数按从低位到高位对齐，逐位进行或运算，即只要对应位任意一个为 1 时，结果位为 1，只有对应位均为 0 时，结果位为 0。计算过程如下：

```
   00010011      (0x13)
|  00010111      (0x17)
-----------------------
   00010111      (0x17)
```

【例题 2】表达式 0x13 & 0x17 的值是（　　）。

A．0x13　　B．0x17　　C．0xE8　　D．0xC8

【解析】选 A。按位与运算和逻辑运算规则类似，将两个操作数按从低位到高位对齐，逐位进行与运算，即只有对应位同时为 1 时，结果位为 1，否则结果位为 0。计算过程如下：

```
    00010011    (0x13)
&   00010111    (0x17)
--------------------
    00010011    (0x13)
```

【例题 3】设有以下语句：

```
char x=3,y=6,z;
z=x^y << 2;
```

则 z 的二进制值是（　　）。

A．00010100　　B．00011011

C．00011100　　D．00011000

【解析】选 B。x 对应的二进制数为 00000011，y 对应的二进制数为 00000110，因为移位运算符的优先级高，所以先将 y 左移两位，成为 00011000，则

```
    00000011
^   00011000
------------
    00011011
```

所以最终结果为 00011011。

【例题 4】假设有如下声明：

```
short low=0x1234,high=0x5678,s;
```

现在想把变量 low 中的低字节放入变量 s 中的低字节，同时把变量 high 中的高字节放入变量 s 的高字节中，可以实现的语句是（　　）。

A．s=high & 0xff00 | low & 0x00ff　　B．s=high & 0x00ff | low & 0x00ff

C．s=high | 0xff00 & low | 0xff00　　D．s=high | 0x00ff & low | 0xff00

【解析】选 A。short 型变量在内存中占两个字节，即 16 个二进制位。把 low 的低字节取到 s 中，应让 low 的低 8 位与二进制数 11111111（十六进制的 ff）进行与运算；让 low 的高 8 位与二进制数 00000000（十六进制的 00）进行与运算，即 low&0x00ff。这样就可以得到 low 的低 8 位。同样道理得到 high 的高 8 位的语句为 high&0xff00。然后，将两次得到的结果进行或运算并存入 s 中即可。同时还要注意，“与”的优先级高于“或”。

10.3 习　　题

一、选择题

1．表达式 3|5 的结果是（　　）。

A．3　　B．6　　C．7　　D．5

2．假设 int b=2; 则表达式(b<<2)|(b>>1)的值是（　　）。

A．0　　B．2　　C．4　　D．8

3．假设 int a=4; 则表达式(a<<2)|(a>>1)的值是（　　）。

A．4　　B．10　　C．18　　D．20

4．假设 int x=5,y=6; 则表达式(x|y)&(y-2)-3 的值是（　　）。

A．0　　B．1　　C．2　　D．3

5．假设 int a=3,b=6,c=9,d=12; 则表达式 ~a|b&c∧d 的结果是（　　）。

A．8　　B．4　　C．-4　　D．-16

6．假设 int a=7,b=9; 则下列语句执行完毕后，a 和 b 的值分别是（　　）。

```
a=a∧b;
b=b∧a;
a=a∧b;
```

A．9 和 7　　B．7 和 9　　C．7 和 7　　D．14 和 7

7．若 x=2，y=3，则 x&y 的结果是（　　）。

A．0　　B．2　　C．3　　D．5

8．若 a=2，b=3，则 a|b 的结果是（　　）。

A．0　　B．1　　C．2　　D．3

9．以下程序段的输出结果是（　　）。

```
char x=56;
x=x&056;
printf("%d,%o\n",x,x);
```

A．56,70　　B．0,0　　C．40,50　　D．62,76

10．在位运算中，操作数每右移一位，其结果相当于（　　）。

A．操作数乘以 2　　B．操作数除以 2

C．操作数除以 4　　D．操作数乘以 4

11．在位运算中，操作数每左移一位，其结果相当于（　　）。

A．操作数乘以 2　　B．操作数除以 2

C．操作数除以 4　　D．操作数乘以 4

12．以下程序的输出结果是（　　）。

```
#include "stdio.h"
void main()
{   int x=040;
    printf("%d",x=x<<1);
}
```

A．100　　B．160　　C．120　　D．64

13．以下程序的输出结果是（　　）。

```
#include "stdio.h"
void main()
```

```
{
  int a=5,b=6,c=7,d=8,m=2,n=2;
  printf("%d\n",(m=a>b)&(n=c>d));
}
```

A. 0　　B. 1　　C. 2　　D. 3

14. 以下程序段中 c 的二进制值是（　　）。

```
char a=3,b=6,c;
c=a^b<<2;
```

A. 00011011　　B. 00010100　　C. 00011100　　D. 00011000

15. 以下程序的输出结果是（　　）。

```
#include "stdio.h"
void main()
{   int x=35;
    char z='A';
    printf("%d\n",(x&15)&&(z<'a'));
}
```

A. 0　　B. 1　　C. 2　　D. 3

二、阅读程序

1. 以下程序的输出结果是________。

```
#include "stdio.h"
void main()
{   unsigned u;
    int i=1;
    u=i<<3;
    printf("%u\n",u);
}
```

2. 以下程序的输出结果是________。

```
#include "stdio.h"
void main()
{   int i=4,u;
    u=i&3;
    printf("%d\n",u);
}
```

3. 以下程序的输出结果是________。

```
#include "stdio.h"
void main()
```

```
{   int i=4,j=5,k=8,a;
    a=i|j|k;
    printf("%d\n",a);
}
```

4. 以下程序的输出结果是________。

```
#include "stdio.h"
void main()
{   unsigned m=0x88,a,b,c;
    a=m>>3;
    printf("a=%x,",a);
    b=~(~0<<4);
    printf("b=%x,",b);
    c=a&b;
    printf("c=%x\n",c);
}
```

5. 以下程序的输出结果是________。

```
#include "stdio.h"
void main()
{   int x=066,i,j,k;
    i=x^33;
    printf("i=%o,",i);
    j=~(~8<<2);
    printf("j=%o,",j);
    k=i&j;
    printf("k=%o\n",k);
}
```

三、编程题

1. 编写一个程序，输入一个八进制数和一个位数，当位数是正整数时，输出右移该八进制数的结果；当位数是负数时，输出左移该八进制数的结果。

2. 编写一个程序，输入 3 个无符号整型数 a、b 和 c，将 a 的高 8 位作为结果的低 8 位，将 b 的低 4 位作为结果的高 4 位，将 c 的第 4～8 位作为结果的其余部分，输出这个结果。

10.4 习题参考答案

一、选择题

1. C 2. D 3. C 4. B 5. C 6. A 7. B 8. D 9. C

10. B　11. A　12. D　13. A　14. A　15. B

二、阅读程序

1. 8
2. 0
3. 13
4. a=11,b=f,c=1
5. i=27,j=43,k=3

三、编程题

1. 参考程序：

```
#include "stdio.h"
void main()
{
    int x,y;
    printf("\ninput x,y:");
    scanf("%o,%d",&x,&y);
    if(y>0)
      printf("\n%o",x>>y);
    else if(y<0)
      printf("\n%o",x<<-y);
        else printf("\n%o",x);
}
```

2. 参考程序：

```
#include "stdio.h"
void main()
{
    unsigned a,b,c,d=0xffff,t;
    printf("\ninput 3 integer number a,b,c:");
    scanf("%x,%x,%x",&a,&b,&c);
    d=(a&0xff00)>>8;
    t=(b&0xf)<<12;
    d=d|t;
    t=(c&0xf0)<<4;
    d=d|t;
    printf("\n%x",d);
}
```

第 11 章　文　件

11.1　知 识 要 点

1. 文件类型指针

文件是指存储在外部介质上数据的集合。

FILE 类型可以用于定义文件类型指针变量。

通过文件指针变量能够找到与它相关的文件。对已打开的文件进行输入/输出操作是通过指向该文件结构的指针变量实现的。

2. 文件的输入/输出

1）打开文件的格式如下：

```
FILE   *fp;
fp=fopen(filename,mode)
```

文件打开方式如表 1.11.1 所示。

表 1.11.1　文件打开方式

打开方式	处理方式	文件类型	指定文件不存在时	指定文件存在时
"r"	读取	文本文件	出错	正常打开
"w"	写入	文本文件	建立新文件	文件原有内容丢失
"a"	追加	文本文件	建立新文件	在文件原有内容末尾追加
"rb"	读取	二进制文件	出错	正常打开
"wb"	写入	二进制文件	建立新文件	文件原有内容丢失
"ab"	追加	二进制文件	建立新文件	在文件原有内容末尾追加
"r+"	读取/写入	文本文件	出错	正常打开
"w+"	写入/读取	文本文件	建立新文件	文件原有内容丢失
"a+"	读取/追加	文本文件	建立新文件	在文件原有内容末尾追加
"rb+"	读取/写入	二进制文件	出错	正常打开
"wb+"	写入/读取	二进制文件	建立新文件	文件原有内容丢失
"ab+"	读取/追加	二进制文件	建立新文件	在文件原有内容末尾追加

2）关闭文件的格式如下：

```
fclose(fp)
```

3）可用函数如表 1.11.2 所示。

表 1.11.2 可用函数

函 数	功 能
fgetc(fp)	从 fp 所指向的文件中读取一个字符
fputc(c,fp)	把一个字符写入到由 fp 指向的文件中
fgets(str,n,fp)	从 fp 所指向的文件中读取 n 个字符存入 str 中
fputs(str,fp)	把字符串 str 写入 fp 所指向的文件中
fprintf(fp,format,arg1,arg2…) fscanf(fp,format,&arg1,&arg2…)	格式化输出/输入函数，使用方法类似 printf 函数和 scanf 函数
fread(buf,size,count,fp)	在 fp 指定的文件中读取 count 次数据项，每次 size 字节，存放到 buf 指定的内存单元中
fwrite(buf,size,count,fp)	写文件，其他类似 fread 函数

3. 文件的定位操作

文件定位操作函数如表 1.11.3 所示

表 1.11.3 文件定位操作函数

函 数	功 能
ftell(fp)	获取当前文件指针的位置
fseek(fp,offset,from)	将文件指针 fp 移动到从 from 开始， 位移量为 offset 的字节处
rewind( )	将文件指针指向文件开头

其中，from 只能是 0、1 或 2，表示文件开头、文件当前指针位置、文件末尾。

4. 文件的检测

文件检测函数如表 1.11.4 所示。

表 1.11.4 文件检测函数

函 数	功 能	说 明
ferror(fp)	读写错误检测	返回 0 表示未出错，否则表示出错
clearer(fp)	清除文件错误标志	使文件错误标志和文件结束标志都置 0
feof(fp)	文件结束检测	若文件结束返回非 0 值

11.2 典型例题与分析

【例题 1】以下程序的功能是（　　）。

```
#include "stdio.h"
# include "stdlib.h"
void main()
```

```
{   FILE  *fp;
    fp=fopen("abc","r+");
    while(!feof(fp))
        if(fgetc(fp)=='*')
        {   fseek(fp,-1L,SEEK_CUR);
            fputc('$',fp);
            fseek(fp,ftell(fp),SEEK_SET);
        }
    fclose(fp);}
```

A．将 abc 文件中所有的'*'均替换成'$'　　B．查找 abc 文件中所有的'*'
C．查找 abc 文件中所有的'$'　　D．将 abc 文件中所有的字符均替换成'$'

【解析】选 A。程序打开 abc 文件，从头到尾扫描其包含的字符，当为'*'时（此时 fp 指向下一个字符），前移 fp 指向'*'，写入'$'字符代替'*'，将 fp 指向下一个字符。所以程序的功能是将文件 abc 的所有的'*'均替换成'$'。

【例题 2】假设不存在名为 abc 的文件，则执行以下程序后，abc 文件的内容是（　　）。

```
#include "stdio.h"
# include "stdlib.h"
void main()
{
    FILE *fp;
    har *str1="first";
    char *str2="second";
    if((fp=fopen("abc","w+"))==NULL)
    {
        printf("can't open abc file\n");
        exit(1);
    }
    fwrite(str2,6,1,fp);
    fseek(fp,0L,SEEK_SET);
    fwrite(str1,5,1,fp);
    fclose(fp);}
```

A．"first"　　B．"second"
C．"firstd"　　D．空文件

【解析】选 C。在程序打开 abc 文件后，向其中写入了"second"字符串，然后将文件指针定位于文件头，再写入"first"字符串，其内容覆盖原来的内容，所以文件的最后内容为"firstd"。答案为 C。

【例题 3】从键盘输入一批学生的数据，然后把它们转存到磁盘文件 stud.dat 中。

【解析】实现本例功能的程序如下：

```
#include "stdio.h"
#include "stdlib.h"
```

```
struct student
{    int    num;
     char   name[20];
     char   sex;
     int    age;
     float score;
};
void main()
{   struct student stud;
    char numstr[20],ch;
    FILE *fp;
    if((fp=fopen("stud.dat","wb"))==NULL)
    { printf("can't open file stud.dat\n");
      exit(1);
    }
    do
    { printf("enter number:");
       gets(numstr);stud.num =atoi(numstr);
       printf("enter name:");gets(stud.name);
       printf("enter sex:");
       stud.sex=getchar();getchar();
       printf("enter age:");
       gets(numstr);stud.age =atoi(numstr);
       printf("enter score:");
       gets(numstr);stud.score =atof(numstr);
       fwrite(&stud,sizeof(struct student),1,fp);
       /* 将结构体变量 stud 的值写入文件 */
       printf("have another student record(y/n)?");
       ch=getchar();getchar();
    }while(ch=='Y' || ch=='y');
    fclose(fp);
}
```

在本程序中，变量 numstr 从键盘接收字符串，通过 atoi（将 ASCII 转换成整型）、atof（将 ASCII 转换成浮点型）函数进行类型转换后送到有关的结构体成员中。个别地方多出的 getchar 语句用于抵消 gets 函数末尾的回车符，以便于可以正确读取下面的 gets 语句。程序运行情况如下：

```
enter number:11301↙
enter name:Zhang Ping↙
enter sex:F↙
enter age:19↙
enter score:496.5↙
have another student record(y/n)?y↙
enter number:11302↙
```

```
enter name:Wang Li↙
enter sex: F↙
enter age: 20↙
enter score:483↙
have another student record(y/n)?n↙
```

11.3 习 题

一、选择题

1. 在对 C 语言的文件存取方式中，文件（ ）。
   A．只能顺序存取
   B．只能随机存取（也称直接存取）
   C．可以顺序存取，也可以随机存取
   D．只能从文件的开头存取
2. 下列叙述正确的是（ ）。
   A．C 语言中的文件是流式文件，因此只能顺序存取数据
   B．打开一个已存在的文件并进行了写操作后，原有文件中的全部数据必定被覆盖
   C．在一个程序中当对文件进行了写操作后，必须先关闭该文件然后打开，才能读到第一个数据
   D．当对文件的读（写）操作完成之后，必须先关闭，否则可能导致数据丢失
3. 利用 fgets(str,n,fp)函数从文件中读入一个字符串，下列叙述正确的是（ ）。
   A．字符串读入后不会自动加入'\0'
   B．fp 是 FILE 类型的指针
   C．fgets 函数将从文件中最多读入 n-1 个字符
   D．fgets 函数将从文件中最多读入 n 个字符
4. fopen 函数的打开方式为"w+"和"a+"时均可以写入数据，它们之间的差别是（ ）。
   A．"w+"可以在中间插入数据，而"a+"只能在末尾追加数据
   B．"w+"和"a+"只能在末尾追加数据
   C．当文件存在时，"w+"清除原文件数据，而"a+"保留原文件数据
   D．"w+"不能在中间插入数据，而"a+"只能在末尾追加数据
5. 若用 fopen 函数打开一个新的二进制文件，该文件可以读也可以写，则文件打开方式是（ ）。

   A．"ab+"　　B．"wb+"　　C．"rb+"　　D．"ab"
6. 若用 fopen 函数打开一个已经存在的文本文件，若保留该文件原有数据而且可以读也可以写，则文件打开方式是（ ）。

   A．"r+"　　B．"w+"　　C．"a+"　　D．"a"
7. 使用 fseek 函数可以实现的操作是（ ）。

   A．改变文件的位置指针的当前位置　　B．文件的顺序读写

   C．文件的随机读写　　D．以上都不对

8．函数调用语句 fseek(fp,-10L,2);的含义是（　　）。

A．将文件位置指针移动到距离文件头 10 字节处

B．将文件位置指针从当前位置向文件末尾方向移动 10 字节

C．将文件位置指针从当前位置向文件头的方向移动 10 字节

D．将文件位置指针从文件末尾处向文件头的方向移动 10 字节

9．当已存在一个 abc.txt 文件时，函数 fopen("abc.txt","r+")的功能是（　　）。

A．打开 abc.txt 文件，清除原有的内容

B．打开 abc.txt 文件，只能写入新的内容

C．打开 abc.txt 文件，只能读取原有的内容

D．打开 abc.txt 文件，可以读取和写入新的内容

10．下列不能将文件的位置指针重新移动到文件开头位置的函数是（　　）。

A．rewind(fp);　　B．fseek(fp,0,SEEK_SET);

C．fseek(fp,-(long)ftell(fp),SEEK_CUR);　　D．fseek(fp,0,SEEK_END);

11．下列叙述不正确的是（　　）。

A．gets 函数用于从终端读入字符串

B．getchar 函数用于从磁盘文件读入字符

C．fputs 函数用于把字符串输出到文件

D．fwrite 函数用于以二进制形式输出数据到文件

12．下列可作为 fopen 函数中第一个参数的正确格式是（　　）。

A．C:use\text.txt　　B．C:\use\text.txt

C．"C:\use\text.txt"　　D．"C:\\use\\text.txt"

13．若执行 fopen 函数时发生错误，则函数的返回值是（　　）。

A．地址值　　B．0　　C．1　　D．EOF

14．下列关于文件的叙述正确的是（　　）。

A．对文件操作必须先打开文件　　B．对文件操作必须先关闭文件

C．对文件的操作顺序没有统一的规定　　D．以上都不对

15．若有以下定义和声明：

```
#include "stdio.h"
struct std
{   char num[6];
    char name[8];
    float mark[4];
}ss[30];
 FILE *fp;
```

设文件以二进制形式存放 10 个班的学生数据且已正确打开，文件指针定位于文件开头。若要从文件中读 30 个学生的数据放入 ss 数组中，下列不能实现此功能的语句是（　　）。

A．for(i=0;i<30;i++)　　fread(&a[i],sizeof(struct std),1,fp);

B．for(i=0;i<30;i++)　　fread(a+I,sizeof(struct std),1,fp);

C．fread(a,sizeof(struct std),30,fp);

D．for(i=0;i<30;i++)　　fread(a[i],sizeof(struct std),1,fp);

16．执行以下程序后，test.txt 文件的内容是（若文件能正常打开)（　　）。

```
#include "stdio.h"
#include "stdlib.h"
void main()
{   FILE *fp;
    char *s1="Fortran",*s2="Basic";
    if((fp=fopen("test.txt","wb"))==NULL)
      {printf("Can't open test.txt file\n");exit(1);}
    fwrite(s1,7,1,fp);          /* 把从地址 s1 开始的 7 个字符写到 fp 所指文件中 */
    fseek(fp,0L,SEEK_SET);     /* 文件位置指针移到文件开头 */
    fwrite(s2,5,1,fp);
    fclose(fp);
}
```

A．Basican　　B．BasicFortran

C．Basic　　D．FortranBasic

17．设 fp 为指向某二进制文件的指针，且已读到此文件末尾，则函数 feof(fp)的返回值为（　　）。

A．EOF　　B．非 0 值　　C．-1　　D．NULL

18．对于以下程序，打开方式分别采用"wt"和"wb"运行时，两次生成的文件 TEST 的长度分别是（　　）。

```
FILE *fp=fopen("TEST",);
fputc('A',fp);fputc('\n',fp);
fputc('B',fp);fputc('\n',fp);
fputc('C',fp);  fclose(fp); }
```

A．7 字节、7 字节　　B．7 字节、5 字节

C．5 字节、7 字节　　D．5 字节、5 字节

19．以下程序段的输出结果是（　　）。

```
FILE *fp;int k,n,a[6]={1,2,3,4,5,6};
fp=fopen("d2.dat","w");
fprintf(fp,"%d%d%d\n",a[0],a[1],a[2]);
fprintf(fp,"%d%d%d\n",a[3],a[4],a[5]);
fclose(fp);
fp=fopen("d2.dat","r");
fscanf(fp,"%d%d",&k,&n);
printf("%d,%d\n",k,n); fclose(fp);
```

A．1,2　　B．1,4　　C．123,4　　D．123,456

20．以下程序段的输出结果是（　　）。

```
FILE *fp;   int i;
char ch[]="abcd",t;
fp=fopen("abc.dat","wb+");
for(i=0;i<4;i++) fwrite(&ch[i],1,1,fp);
fseek(fp,-2L,SEEK_END);
fread(&t,1,1,fp);
fclose(fp);
printf("%c\n",t);
```

A．d　　B．c　　C．b　　D．a

二、阅读程序

1．以下程序的输出结果是________。

```
#include "stdio.h"
#include "stdlib.h"
void main()
{
    int i,n;
    FILE *fp;
    if((fp=fopen("temp1","w+"))==NULL)
    {
        printf("can't creat temp file\n");
        exit(1);
    }
    for(i=1;i<=10;i++)
        fprintf(fp,"%3d",i);
    for(i=0;i<5;i++)
     {
        fseek(fp,i*6L,SEEK_SET);
        fscanf(fp,"%d",&n);
        printf("%3d",n);
    }
    printf("\n");
    fclose(fp);
}
```

2．以下程序的输出结果是________。

```
#include "stdio.h"
void main()
{   FILE *fp;
```

```
    int a[10]={1,2,3,0,0},i;
    fp=fopen("d2.dat","wb");
    fwrite(a,sizeof(int),5,fp);
    fwrite(a,sizeof(int),5,fp);
    fclose(fp);
    fp=fopen("d2.dat","rb");
    fread(a,sizeof(int),10,fp);
    fclose(fp);
    for(i=0;i<10;i++) printf("%d ",a[i]);
}
```

3. 以下程序的输出结果是________。

```
#include "stdio.h"
void main()
{    FILE *fp;
     int  k,n,a[6]={1,2,3,4,5,6};
     fp=fopen("d2.dat","w");
     fprintf(fp,"%d%d%d\n",a[0],a[1],a[2]);
     fprintf(fp, "%d%d%d \n",a[3],a[4],a[5]);
     fclose(fp);
     fp=fopen("d2.dat","r");
     fscanf(fp, "%d%d",&k,&n);
     printf("%d,%d\n",k,n);
     fclose(fp);
}
```

4. 以下程序的输出结果是________。

```
#include "stdio.h"
void main()
{    FILE  *fp;
     int  i,a[6]={1,2,3,4,5,6};
     fp=fopen("d3.dat","w+b");
     fwrite(a,sizeof(int),6,fp);
     fseek(fp,sizeof(int)*3,SEEK_SET);
     /* 该语句使读文件的位置指针从文件头向后移动 3 个 int 型数据 */
     fread(a,sizeof(int),3,fp);
     fclose(fp);
     for(i=0;i<6;i++)     printf("%d,",a[i]);
}
```

5. 以下程序执行后，t1.dat 文件中的内容是________。

```
#include "stdio.h"
void WriteStr(char *fn,char *str)
```

```
{    FILE *fp;
     fp=fopen(fn,"w");fputs(str,fp);fclose(fp);
}
void main()
{
     WriteStr("t1.dat","start");
     WriteStr("t1.dat","end");
}
```

6. 以下程序的输出结果是________。

```
#include "stdio.h"
void main()
{   FILE    *fp;
    int  a[10]={1,2,3},i,n;
    fp=fopen("d1.dat","w");
    for(i=0;i<3;i++)
       fprintf(fp,"%d",a[i]);
    fprintf(fp,"\n");
    fclose(fp);
    fp=fopen("d1.dat","r");
    fscanf(fp,"%d",&n);  fclose(fp);
    printf("%d\n",n);  }
```

7. 以下程序的输出结果是________。

```
#include"stdio.h"
void main()
{   FILE *fp; int i, k, n;
    fp=fopen("data.dat", "w+");
    for(i=1;i<6;i++)
    {   fprintf(fp,"%d ",i);
        if(i%3==0) fprintf(fp,"\n");
    }
    rewind(fp);
    fscanf(fp, "%d %d", &k, &n); printf("%d %d\n", k, n);
    fclose(fp);
}
```

三、完善程序

1. 用变量 count 统计文件中字符的个数。

```
#include "stdio.h"
# include "stdlib.h"
void main()
```

```
{   FILE *fp;
    long count=0;
    if((fp=fopen("letter.txt", 【1】))==NULL)
    {  printf("cannot open file\n");
       exit(0);}
       while(!feof(fp))
       { 【2】;
         【3】;}
    printf("count=%ld\n",count);
    fclose(fp);
}
```

2. 从终端读入的文本（用“#”作为文本结束标志）复制到一个名为c.dat的新文件中。

```
#include "stdio.h"
# include "stdlib.h"
void main()
{    FILE *fp;
     char  ch;
     if((fp= 【1】)==NULL)
          exit(0);
     while((ch=getchar())!=【2】)
         fputc(【3】);
     fclose(fp);
}
```

3. 从键盘输入一个字符串， 把该字符串中的小写字母转换为大写字母，输出到test.txt文件中，然后从该文件读出字符串并显示出来。

```
#include "stdio.h"
#include "stdlib.h"
void main ()
{   FILE *fp;
    char str[100];
    int   i=0;
    if((fp=fopen("text.txt",【1】))==NULL)
        { printf("can't open this file.\n");exit(0);}
    printf("input a string:\n");
    gets(str);
    while (str[i])
    {    if(str[i]>='a'&&str[i]<='z')
            str[i]= 【2】;
         fputc(str[i],fp);
         i++;
    }
    fclose(fp);
```

```
    fp=fopen("test.txt",【3】);
    fgets(str,100,fp);
    printf("%s\n",str);
    fclose(fp); }
```

4．从 file1.dat 文本文件中逐个读入字符并显示出来。

```
#include<stdio.h>
main()
{   FILE  *fp;  char ch;
    fp=fopen(  【1】  );  ch=fgetc(fp);
    while(!feof(fp))
    {  putchar(ch);  ch=fgetc(fp);  }
    putchar('\n');
    fclose(fp); }
```

四、编程题

1．编写一个程序，建立一个 abc 文本文件，向其中写入"this is a test"字符串，然后显示该文件的内容。

2．编写一个程序，从键盘输入一个文件名，然后把从键盘输入的字符依次存放到该文件中并用“#”作为文件结束标志。

3．有一个磁盘文件，第一次使它显示在屏幕上，第二次把它复制到另一文件中。

4．编程读出 stud.dat 文件中第三个学生的数据（参照例题 3 中的文件结构）。

5．有两个磁盘文件 a1 和 b1，各存放一行字母，要求把这两个文件中的信息合并（按字母顺序排列），输出到一个新文件 c1 中。

11.4　习题参考答案

一、选择题

1．C　2．D　3．C　4．C　5．B　6．D　7．A　8．D　9．C　10．D
11．B　12．D　13．B　14．A　15．D　16．A　17．D　18．B　19．D　20．B

二、阅读程序

1．1　3　5　7　9
2．1　2　3　0　0　1　2　3　0　0
3．123,456
4．4,5,6,4,5,6,
5．end
6．123

7. 12

三、完善程序

1. 【1】"r"　　【2】fgetc(fp)　　【3】count++
2. 【1】fopen("c.dat"，"w")　　【2】'#'　　【3】ch,fp
3. 【1】 "w"或"w+"或"wt"或"w+t"

   【2】 str[i]-32 或 str[i]-('a'-'A')或 str[i]-'a'+'A'

   【3】 "r"或"r+"或"r+t"或"rt+"
4. 【1】"file1.dat","r"

四、编程题

1. 参考程序：

```
#include "stdio.h"
#include "string.h"
#include "stdlib.h"
void main()
{   FILE *fp;
    char msg[]="this is a test";
    char buf[20];
    if((fp=fopen("abc","w+"))==NULL)
      { printf("can not open file\n");
        exit(1);
      }
    fwrite(msg,strlen(msg)+1,1,fp);
    fseek(fp,SEEK_SET,0);
    fread(buf,strlen(msg)+1,1,fp);
    printf("%s\n",buf);
    fclose(fp);
}
```

2. 参考程序：

```
#include "stdio.h"
# include "stdlib.h"
void main()
{   FILE *fp;
    char ch,fname[10];
    printf("input filename:");
    gets(fname);
    if((fp=fopen(fname,"w+"))==NULL)
      { printf("can not open file\n");
        exit(1);
```

```
        }
    printf("input data:\n");
    while((ch=getchar())!='#')
        fputc(ch,fp);
    fclose(fp);
}
```

3. 参考程序:

```
# include "stdio.h"
void main()
{   FILE *fp1,*fp2;
    fp1=fopen("file1.c","r");
    fp2=fopen("file2.c","w");
    while(!feof(fp1))
            putchar(getc(fp1));
    rewind(fp1);
    while(!feof(fp1))
            putc(getc(fp1),fp2);
    fclose(fp1);
    fclose(fp2);
}
```

4. 参考程序:

```
#include "stdio.h"
# include "stdlib.h"
struct student
{   int num;
    char name[20];
    char sex;
    int age;
    float score;
};
void main()
{   struct student stud;
    FILE *fp;
    int i=2;
    /* 从文件头向后移动两步,就指向第三个学生的数据了,变量i将用在后面的fseek函数中 */
    if((fp=fopen("stud.dat","rb"))==NULL)
    {  printf("can't open file stud.dat\n");
       exit(1);
    }
    fseek(fp,i*sizeof(struct student),0);
    if(fread(&stud,sizeof(struct student),1,fp)==1)
      printf("%d,%s,%c,%d,%f\n",stud.num,stud.name,stud.sex,stud.age,
```

```
    stud.score);
  fclose(fp);}
```

5. 参考程序：

```
#include "stdio.h"
#include "stdlib.h"
void main ()
{
    FILE *fp;
    int i,j,n,i1;
    char c[100],t,ch;
    if((fp=fopen("a1","r"))==NULL)
    { printf("can not open the file\n");
      exit(0);    }
    printf("\n file a:\n");
    for(i=0;(ch=fgetc(fp))!=EOF;i++)
    { c[i]=ch;
       putchar(c[i]);     }
    fclose(fp);
    i1=i;
    if((fp=fopen("b1","r"))==NULL)
    {  printf("\n can not open the file");
       exit(0);    }
    printf("\n file b:\n");
    for(i=i1;(ch=fgetc(fp))!=EOF;i++)
    {   c[i]=ch;
        putchar(c[i]);}
    fclose(fp);
    n=i;
    for(i=0;i<n;i++)
    for(j=i+1;j<n;j++)
      if(c[i]>c[j])
         {t=c[i];c[i]=c[j];c[j]=t;}
    printf("\n file c:\n");
    fp=fopen("c1","w");
    for(i=0;i<n;i++)
    {  putc(c[i],fp);
       putchar(c[i]);}
    fclose(fp);}
```

第 2 部分

实验指导

本部分设置了 17 个实验，读者可根据需要选做。

编写一个实际的 C 语言程序要考虑许多因素，综合各部分知识，加入大量的注释，而且 C 语言程序一般是多文件的程序。初学者在学习的时候要由点及面，注意掌握基础知识。在完成了本书的学习之后，读者可以尝试编写一些实际的应用程序。

在实验之前应明确本次实验的目的，了解实验内容，预先准备好需要调试的程序清单。

Microsoft Visual C++ 6.0 集成开发环境功能较强，读者应在实验过程中逐步熟练掌握编程环境的使用方法和技巧，注意积累经验。

理解调试过程中 Microsoft Visual C++ 6.0 集成开发环境出现的提示信息，尽量独立改正程序中的各类错误，调试时要有耐心和毅力。

实验 1　C 程序结构与数据类型

【实验目的】

1．了解 C 程序的构成和语法。

2．掌握 C 程序的编辑、编译、连接、运行的整个过程。

3．掌握整型常量、实型常量、字符型常量、字符串常量的表示方法。

4．掌握整型变量、实型变量、字符型变量的定义和赋值方法。

5．掌握标准输出函数 printf( )的使用方法，能够输出整型数据、实型数据和字符型数据。

【实验内容】

1．熟悉 Microsoft Visual C++ 6.0 集成开发环境。

掌握一门编程语言，不仅要求懂其语法，而且要能熟练使用该语言的集成开发环境和相应的库函数。C 程序的开发工具有很多，如 Turbo C、Borland C Builder、GUN Compiler Collection、Microsoft Visual C++等，本书采用 Microsoft Visual C++ 6.0，它是 Windows 环境下 C 程序的集成开发环境，目前在国内使用比较广泛。

选择“开始”→“所有程序”→Microsoft Visual Studio 6.0→Microsoft Visual C++ 6.0 命令，打开 Microsoft Visual C++ 6.0。

新建一个 C 源文件。选择 File→New 命令，在打开的 New 对话框中选择 Files 选项卡。在左面的列表框中选择 C++ Source File 选项，在右面的 Location：文本框中选择文件保存的路径（如 D:\），在 File 文本框中写上要保存的文件名（如 hello），如图 2.1.1 所示。单击 OK 按钮，在硬盘分区 D 下建立一个 C 源文件 hello.cpp。

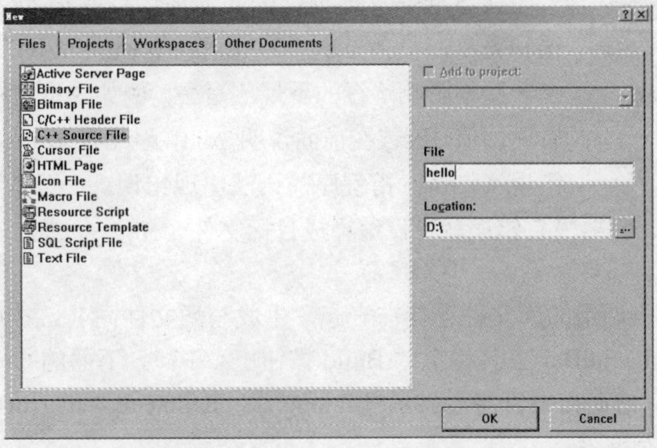

图 2.1.1　New 对话框

（1）编辑程序。

用 C 语言编写源程序。新建源程序后，在编辑窗口中输入以下程序。可以看出在默认状态下普通文本为黑色，注释文本为绿色，关键字或者保留字为蓝色。

```
//这是我的第一个C程序
#include "stdio.h"
main()
{
  printf("hello!\n");
}
```

（2）编译程序。

检查源文件是否有错误，如果没有则生成与源文件同名、扩展名为.obj 的目标文件。在工具栏处右击，打开 Build MiniBar 工具栏（图 2.1.2），单击工具栏上的 Compile 按钮（Ctrl+F7）。

图 2.1.2 Build MiniBar 工具栏

屏幕出现提示，询问是否建立工程文件工作区，如图 2.1.3 所示。单击“是”按钮，建立一个默认的工作区。

图 2.1.3 是否建立默认工作区

如果文件没有保存，系统还会询问是否保存该源文件，单击“是”按钮，如图 2.1.4 所示。

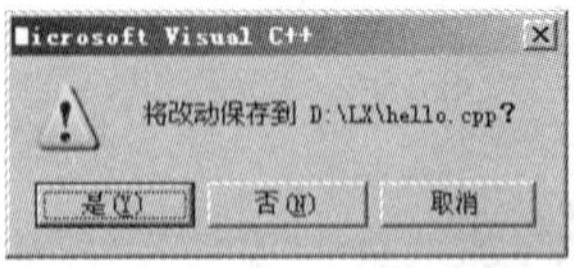

图 2.1.4 是否保存文件

接着屏幕下面的 Output 窗格会显示编译的信息，如果没有错误和警告，将会显示“0 error(s), 0 warning(s)”。警告（warning）指一些不影响运行的不规范写法。例如，本程序中的 main 函数没有返回值，应该在前面说明 void，因此有一个警告“1 warning(s)”。错误（error）指程序的语法出现错误，必须改正才能完成编译。我们可以忽略警告，只要没有错误就可以编译成目标文件（obj），如图 2.1.5 所示。

（3）连接程序。

将目标文件与所调用的库文件连接在一起，生成与源文件同名、扩展名为.exe 的可执行文件。单击 Build MiniBar 工具栏上的 Build 按钮（F7）。下面的 Output 窗格会显示连接的信息，如果没有错误和警告将会显示“Linking... hello.exe -- 0 error(s), 0 warning(s)”。

（4）运行可执行文件。

运行最终生成的可执行文件。单击 Build MiniBar 工具栏上的 Execute Program 按钮（Ctrl+F5）。在打开的控制台窗口中可以看到本程序的输出结果“hello!”，如图 2.1.6 所示。这个默认为黑色背景的窗口就是控制台窗口，它以命令行的方式实现和用户交互，即输入、输出操作都在这里完成。

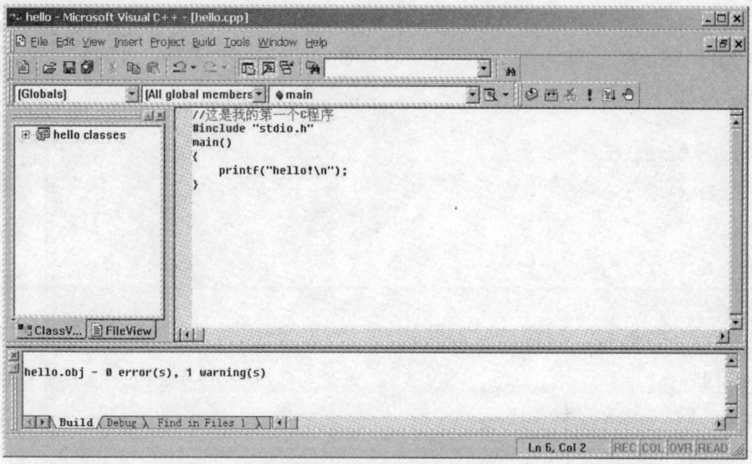

图 2.1.5 程序编译

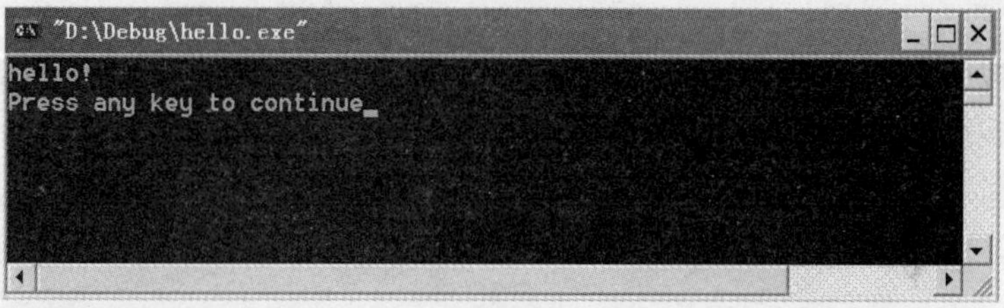

图 2.1.6 控制台窗口

输出结果后面多了一行 Press any key to continue，表示按任意键返回。观察结果后按任意键关闭控制台窗口，回到 Microsoft Visual C++ 6.0 编辑界面。

（5）调试程序。

如果在编译或者连接程序时出现错误，需要改正错误后才能继续；运行程序时也可能出现错误而导致程序中断；即使运行出了结果，也可能与我们所设想的不一致。用各种手段进行查错和排错的过程就是调试。

后面会逐步介绍一些重要的调试技巧，这是程序开发必须要掌握的重要技能。

（6）关闭工作区。

项目工程（Project）是开发一个程序时需要的所有文件的集合。Microsoft Visual C++ 6.0 以文件目录的形式组织项目工程，保存到.dsp 项目工程文件。工作区（Workspace）是进行项目组织的工作空间，保存为.dsw 工作区文件。

一个工作区可以包含多个项目工程文件，一个项目工程可以包含多个.cpp 文件，但是一个项目工程中只能有一个 main 函数。

在上一个例子中，编译时默认生成了一个 hello.dsw 工作区和一个 hello.dsp 工程。在这个工程下，如果按照上面步骤继续编写第二个源文件，在编译时就会添加到现在的工程中，因为本书的习题都是含有 main 函数的独立 C 语言源程序，这就违反了一个工程只有一个 main 函数的规则。所以简单的做法就是在编写新程序之前关闭上一个工作区，选择 File→

Close Workspace 命令，如图 2.1.7 所示。

2．编写 C 语言程序。

（1）选择 File→New 命令，建立一个 C++ Source File 文件，命名为 pro1.cpp。输入如下程序：

图 2.1.7 File 菜单

```
#include "stdio.h"
void main()
{
    int x,y,z;
    x=24;
    printf("%d,%o,%x\n",x,x,x);
    y=024;
    printf("%d,%o,%x\n",y,y,y);
    z=0x24;
    printf("%d,%o,%x\n",z,z,z)
}
```

（2）可以按照上述步骤依次单击 Compile 按钮、Build 按钮，也可以直接单击 Build 按钮，进行编译和连接。注意，程序中第 3 个 printf 语句没有加分号是错误的。Output 窗格中会出现如下错误提示信息：

```
Compiling...
pro1.cpp
D:\pro1.cpp(10):error C2143:syntax error:missing';'before '}'
Error executing pro1.exe.
pro1.exe - 1 error(s), 0 warning(s)
```

可以看出没有警告，但有一个错误出现在源文件 pro1.cpp 的第 10 行附近，错误描述是缺少分号。改正后再次单击 Build 按钮，重新进行编译和连接，直到没有错误为止。

（3）单击 Execute Program 按钮，在控制台窗口中检验结果。此题分别将 x、y 和 z 以十进制、八进制和十六进制三种形式输出。

3．理解实型常量。

掌握实型变量的定义、赋值和输出方法。输入并运行如下程序，写出并分析结果。

```
#include "stdio.h"
void main()
{
    float num1=1.23,num2=5000;
    double num3=178.56,num4=345e2;
    printf("num1=%f,num1=%e\n",num1,num1);
    printf("num2=%f,num2=%e\n",num2,num2);
    printf("num3=%lf,num3=%e\n",num3,num3);
    printf("num4=%lf,num4=%e\n",num4,num4);
}
```

Microsoft Visual C++ 6.0 编译器将实型常量看做 double 型，因此出现警告 warning C4305: 'initializing' : truncation from 'const double ' to 'float '，可以忽略，或者将常量写成 1.23f。

4．理解字符型常量。

掌握字符型变量的定义、赋值和输出方法。输入并运行如下程序，写出并分析结果。注意转义字符的含义。

```
#include "stdio.h"
void main()
{
    char c1='a',c2='b',c3='\101',c4='\116';
    printf("a=%c,b=%c\n",c1,c2);
    printf("c3=%d\tc4=%d\n",c3,c4);
    printf("c3=%c\tc4=%c\n",c3,c4);
}
```

5．进一步了解字符的 ASCII 编码。

理解整型数据和字符型数据的关系。输入并运行如下程序，写出并分析结果。

```
#include "stdio.h"
void main()
{
    int a=97,b=98;
    char ch1,ch2;
    ch1=a-32;
    ch2=b-32;
    printf("a=%d,b=%d\n",a,b);
    printf("a=%c,b=%c\n",a,b);
    printf("ch1=%d,ch2=%d\n",ch1,ch2);
    printf("ch1=%c,ch2=%c\n",ch1,ch2);
}
```

6．编写程序。

要求采用输出变量的方式，按照如下格式输出英文字符及其 ASCII 值。

```
C    67
h    104
i    105
n    110
a    97
```

提示：字符'C'的 ASCII 值是 67，'h'的 ASCII 值是 104。

实验2　标准输入函数和输出函数

【实验目的】

1．掌握标准输出函数 printf( )的使用方法，能够按指定的格式输出整型数据、字符型数据和实型数据。

2．掌握标准输入函数 scanf( )的使用方法，能够按指定的格式将数据存储到整型变量地址、字符型变量地址、实型变量地址中。

3．了解字符输入/输出函数——getchar( )和 putchar( )。

【实验内容】

1．掌握 printf 函数的输出格式。

```
#include " stdio.h "
void main()
{
    int  num1=10, num2=20;
    float  num3=10.45,  num4=91.782;
    char  ch1='A',  ch2='b';
    double  num5, num6;
    num5=1234.56789;
    num6=0.1246783;
    printf("num1=%d,num2=%d\n", num1,num2);
    printf("num1=%-4d,num2=%6d\n", num1,num2);
    printf("num3=%3.1f,num4=%8.2f\n", num3,num4);
    printf("ch1=%c,ch2=%c\n", ch1,ch2);
    printf("num5=%6.4lf,num6=%8.3lf\n", num5,num6);
}
```

结合主教材介绍的 printf 函数格式，分析程序结果，运行程序验证自己的分析。

2．掌握用 scanf 函数为整型变量赋值的方法。

```
#include "stdio.h"
void main()
{
    int num1,num2,num3,num4;
    scanf("%d,%d",&num1,&num2);
    printf("num1=%d,num2=%d\n", num1,num2);
    scanf("%d%d",&num3,&num4);
```

```
    printf("num3=%d,num4=%d\n", num3,num4);
}
```

（1）阅读程序，观察第一个 scanf 语句和第二个 scanf 语句的区别。

（2）运行程序，看到控制台窗口中只有闪烁的光标，这是因为程序运行到第一条 scanf 语句，等待用户输入信息，输入 3，5，执行 printf 语句并输出 num1=3，num2=5，继续向下执行，又执行到第二条 scanf 语句再次等待用户输入，这时要输入的两个整型数据要用空格、Tab 或者回车符来分隔，输入 4 7，分析得到的结果。

（3）思考：将程序第 5 行的 scanf 语句改成 scanf("%d：%d",&num1,&num2);，那么运行时应该怎样输入数据。

3．掌握用 scanf 函数为字符型变量赋值的方法。

```
#include " stdio.h "
void main()
{   int  num1;
    float  num2;
    char  ch1;
    printf("\n");
    scanf("%d%f%c", &num1,&num2,&ch1);
    printf("num1=%d, num2=%0.2f, ch1=%c\n", num1,num2,ch1);
}
```

（1）运行程序，输入：

```
8,2.93,A
```

查看运行结果是否与预测的结果相同。

（2）关闭控制台窗口，再次运行程序，输入：

```
8 2.93 A
```

查看运行结果是否与预测的结果相同。

（3）关闭控制台窗口，再次运行程序，输入：

```
8 2.93A
```

查看运行结果是否与预测的结果相同。

指出上述 3 次运行程序输出结果不同的原因。

（4）如果将程序中的 scanf 语句改成 scanf("%d,%f,%c", &a,&b,&c);，则运行程序时应该怎样输入数据才能使变量 num1 得到 8，num2 得到 2.93，变量 ch1 得到字符'A'?

4．输入并运行如下程序。

```
#include "stdio.h"
void main()
{
   int  x,y;
```

```
    char c;
    scanf("%d,%d",&x,&y);
    getchar();
    c=getchar();
    printf("x=%d,y=%d\n",x,y);
    putchar(c);
    putchar('\n');
}
```

（1）运行程序，输入：

```
3，4
*
```

（2）分析程序第七行 getchar( );的作用。如果去掉这条语句，运行时应该怎样输入才能让变量 c 获得字符'*'。

5．编写一个程序，完成以下功能：

（1）定义两个整型变量、两个双精度实型变量和两个字符型变量。

（2）用 scanf 函数实现从键盘上分别给这 6 个变量赋值。

（3）输出两个整型变量的值；输出两个实型变量的值，小数部分保留两位；输出两个字符型变量的 ASCII 值。

提示：在使用%c 格式输入时，在键盘上输入的空格、回车、1、2、a、*、/等作为一个字符被存入相应内存地址中，它们的 ASCII 编码参见主教材附录。

实验 3　运算符和表达式

【实验目的】

1. 掌握算术、关系、逻辑、条件、赋值、逗号运算符的使用。
2. 能够根据运算符的优先级、结合方向等特性计算复合表达式。

【实验内容】

1. 算术运算符。

```
#include "stdio.h"
void main()
{   int  num1,num2,num3,x;
    scanf("%d%d%d", &num1,&num2,&num3);
    x=(num1+num2)/3%num3;
    printf("x=%d\n", x);
}
```

（1）运行程序，输入 12 5 2，分析运行结果。
（2）再次运行程序，输入 1 1 3，分析运行结果。
（3）思考：若输入 1　2　3，结果又是什么呢？分析运行结果。
2. 关系运算符。

```
#include " stdio.h "
void main()
{   int  a=5,b=4,c=1,d;
    d=(a>b+1>c);
    printf("d=%d\n",d);
}
```

分析运行结果。

提示：关系运算符自左至右结合，优先级低于算术运算符。

3. 逻辑运算符。

```
#include " stdio.h "
void main()
{
    int  a=2,b=3,c=4,d=5;
    int m=2,n=2;
    a=(m=a>b)&&(n=c>d)+5;
```

```
    printf"m=%d,n=%d,a=%d\n",m,n,a);
}
```

分析运行结果。

提示：逻辑运算符具有“开关特性”，如果已经判断出结果，则不再往下运算。

4．逻辑运算符和条件运算符。

```
#include "stdio.h"
void main()
{   int  year;
    char  c;
    printf("Please input a year: ");
    scanf("%d", &year);
    c=(year%4==0&&year%100!=0||year%400==0)? 'Y':'N';
    printf("A Leap Year %d:%c\n", year, c);
}
```

（1）运行程序，输入2008，分析运行结果。
（2）再次运行程序，输入2100，分析运行结果。
（3）再次运行程序，输入2000，分析运行结果。

提示：优先级由高到低分别是算术运算符、关系运算符、逻辑运算符、条件运算符、赋值运算符。此题功能是分析一个年份是否为闰年，读者可以尝试验证其他的年份。

5．赋值运算符和自加、自减运算符。

```
#include "stdio.h"
void main()
{   int  a=0,b=0,c;
    a+=(a=8);
    printf("a=%d\n",a);
    b++;
    printf("b=%d\n",b);
    c=++b;
    printf("b=%d,c=%d\n",b,c);
    c=b++;
    printf("b=%d,c=%d\n",b,c);
}
```

分析运行结果。注意++运算符写在操作数前面和后面的区别。

6．逗号运算符。

```
#include "stdio.h"
void main()
```

```
{
    int  x,y;
    x=6,x+1,y=x,x++;
    printf("x=%d,y=%d\n",x,y);
}
```

提示：逗号运算符的优先级最低。

7. 完善程序，使程序能够运行，并实现如下功能：

（1）定义一个整型变量，运行时通过键盘为该变量赋值一个正整数。

（2）取出该正整数的百位、十位、个位，并分别输出。

```
#include "stdio.h"
void main()
{   int  num,b,sh,g;
    scanf("%d",【1】);
    num=num%1000;
    b=【2】;
    printf("百位是%d\n",b);
    sh=(num%100)/10;
    printf("十位是%d\n",sh);
    g=【3】;
    printf("个位是%d\n",g);
}
```

实验4　顺序结构程序设计

【实验目的】

1．理解顺序结构的程序设计思想。

2．学习调试程序的技巧：单步运行程序、监测变量值。

3．掌握调试命令：F10——子函数外单步运行，Shift+F5——退出调试， Alt+4——打开变量窗格。

【实验内容】

1．输入如下程序，单步调试，理解程序的顺序执行流程。

```
#include "stdio.h"
void  main()
{   int num;
    printf("\nPlease input the source number:");
    scanf("%d",&num);
    num=num*2;
    num=num+9;
    num=num*3;
    num=num%7;
    printf("%d\n",num);
}
```

（1）阅读程序，分析变量num的变化。

（2）单步调试程序。在工具栏处右击，在弹出的快捷菜单中选择Debug命令，在打开的Debug工具栏上单击Step Over按钮（F10）。程序代码左边出现一个黄色箭头，指示程序即将执行的代码行。每按下一次F10键，程序执行一行，黄色箭头向下移动一行。

（3）单步调试的同时监测变量num值的变化。单步调试后，编辑窗口下面出现变量窗格，如果没有出现可以在Debug工具栏上单击Variables按钮（Alt+4）。变量窗格包含3个选项卡：Auto选项卡显示当前行及上一行中所使用的变量；Locals选项卡显示在当前执行的函数内具有局部作用域的变量。选择Locals选项卡，在单步运行过程中可以看到，在没有定义变量num时，变量窗格是空的；定义了num变量，但还未对其赋值时，num存放的是一个随机数。

（4）继续按F10键单步执行，执行到scanf语句，程序会打开控制台窗口等待用户输入，只有输入完成了才能继续向下执行，输入3，然后将输入窗口最小化，再回到编辑窗口观察变量num的值。

（5）继续按F10键单步执行，当执行完最后一条printf语句后，黄色箭头指向“}”行时，打开控制台窗口观察结果，然后单击 Debug 工具栏上的 Stop Debugging 按钮（Shift+F5）结束调试。

注意：如果程序运行到汇编代码，可以单击 Debug 工具栏上的 Disassembly 按钮，即可再看到源程序。

（6）记录下 num 变量值的变化过程。

2．求函数 $y=3x^2+6x-9$ 的函数值。

```
#include "stdio.h"
void main()
{   float x, y;
    printf("\nPlease input x: ");
    scanf("%f", &x);
    y=3*x*x;
    y+=6*x;
    y-=9;
    printf("y=%f\n ", y);
}
```

（1）按照上面介绍的单步调试步骤，验证程序是否能正确计算出函数的值。为了让读者更好地理解单步执行，本程序将函数表达式写成 3 条语句，读者当然也可以写成一条语句“y=3*x *x+6*x–9; ”。

（2）注意+=、–=的用法。

（3）多次运行程序，输入不同的数据，并记录下结果。

3．输入并运行如下程序。

```
#include "stdio.h"
void main()
{   int a,b,c,max;
    scanf("%d%d%d",&a,&b,&c);
    max=(a>b)?a:b;
    max=(max>c)?max:c;
    printf("max=%d\n",max);
}
```

（1）分析程序功能。单步执行程序，输入 2　5　8，查看变量值的变化和运行结果。

（2）修改程序使程序实现输入 4 个整数，并求出最大值。

4．编写一个程序，程序的功能是从键盘上输入三角形的 3 条边长 a、b、c，使用海伦公式 $area=\sqrt{s(s-a)(s-b)(s-c)}$ ($s=(a+b+c)/2$)求三角形面积。

说明：求平方根可使用 sqrt 函数。例如，数学中的 $y=\sqrt{x}$ 用程序描述为 y=sqrt(x)。要使用这个函数，程序的第一行必须加入#include "math.h"。

实验 5　选择结构程序设计

【实验目的】

1．理解单分支和多分支选择结构的程序设计思想。
2．掌握 if、if-else、switch 结构的用法。
3．熟练运用关系运算符和逻辑运算符来控制单分支流程。
4．了解 break 在 switch 结构中的作用。
5．熟练单步执行程序和监测变量的方法。

【实验内容】

1．输入并运行如下程序。

```
#include "stdio.h"
void main()
{   char ch;
    scanf("%c",&ch);
    if(ch >= 'A' && ch <= 'Z')
    ch = ch + 32;
    if(ch >= 'a' && ch<='z' )
    ch = ch - 32;
    printf("%c\n",ch);
}
```

（1）分析程序是否能实现英文字符的大小写转换，即用户输入大写字母，程序输出对应小写字母；反之亦然，而其他字符则不进行处理，原样输出。

（2）单步调试程序，输入大写字母 K，查看运行结果和分析结果是否一致。如果不一致，应该怎样修改程序？

2．输入并运行如下程序。

```
#include "stdio.h"
void main()
{
    long int x, y;
    printf("\nPlease x:");
    scanf("%ld", &x);
    if(x>=10)
      y = x * x + 4 * x + 2;
       else if(x>=6)
```

```
    y =3*x*x+2*x-6;
     else if(x>=-5)
    y=x*3-5;
     else y=4*x;
    printf("\ny=%ld", y);
}
```

（1）多次运行程序，输入 x 值时分别输入不同范围的值（x≥10、10>x≥6、6>x≥-5、x<-5），结合程序运行的结果，指出程序的功能。

（2）单步运行以查看程序执行的流程，记录结果。

3．输入并运行如下程序。

```
#include "stdio.h"
void main()
{
    int  score, m;
    scanf("%d", &score);
    m = score/10;
    switch(m)
    {
       case  9: printf("\nExcellent\n");  break;
       case  8: printf("\nVery good\n");  break;
       case  7: printf("\nGood\n");       break;
       case  6: printf("\nPass\n");       break;
       default: printf("\nFailure\n");    break;
    }
}
```

（1）运行程序5次，分别给 score 输入以下数据：97、63、58、78、81，根据程序的运行结果指出程序的功能。

（2）单步运行程序并查看程序执行的流程，记录结果。

4．输入并运行如下程序。

```
#include "stdio.h"
void main()
{
    int x=1,y=0,a=0,b=0;
    switch(x)
    {   case 1:
          switch(y)
          {
             case 0:a++;break;
             case 1:b++;break;
```

```
            }
              case 2:
              a++;b++;break;
        }
        printf("a=%d,b=%d",a,b);
    }
```

阅读并分析程序。单步运行程序，分析 break 语句的功能。

5. 编写一个程序，实现以下数学函数的功能。要求：用户在键盘上输入 x 的值，程序输出对应的 y 值。

$$y=\begin{cases}x^2+3x & (x\geqslant 6)\\ 6x & (6>x\geqslant 0)\\ x^2-4x-7 & (x<0)\end{cases}$$

实验 6　循环结构程序设计（一）

【实验目的】

1．理解循环结构程序设计思想。

2．掌握 while、do-while、for 3 种循环控制语句。

【实验内容】

1．输入并运行如下程序。

```
#include "stdio.h"
void main()
{
    int i=1, sum=0;
    while(i<=100)
     {
        sum+=i;
        i++;
     };
    printf("\nsum=%d\n", sum);
}
```

（1）运行程序，结合程序的运行结果，分析程序的功能。

（2）假设把第一行 int i=1,sum=0;改成 int i=1, sum;，程序是否能得到正确结果？为什么？

（3）假设将 while 的条件改为 i==100，程序能否正确运行？此时 while 循环了多少次，程序的输出结果是什么？

2．完善程序，使程序能够运行并求出 1～100 的和。

```
#include "stdio.h"
void main()
{
    int i=1, sum=0;
    do
     {
        sum+=i;
        【1】
     }while(【2】);
    printf("\nsum=%d\n", sum);
}
```

3．输入并运行如下程序。

```
#include "stdio.h"
void main()
{
    int i, sum=0;
    for(i=0;i<100;i++)
        sum=sum+i;
    printf("sum=%d\n", sum);
}
```

（1）分析程序功能。单步执行程序，观察程序的执行流程和变量值的变化。

（2）在单步调试过程中，因为循环次数很多，需要多次按 F10 键，在发现规律后可以将光标移至 printf("sum=%d\n", sum);这一行，然后单击 Debug 工具栏上的 Run to Cursor 按钮 *{}（快捷键 Ctrl+F10），这时循环已经结束，黄色箭头指向 printf 语句，可以查看变量的值。

（3）分析运行结果为什么不是 5050，应该怎样改正才能求 1～100 的和。

4．输入并运行如下程序。

```
#include "stdio.h"
void main()
{
    int num1=0, num2=0;
    char ch;
    scanf("%c", &ch);
    while(ch!='#')
    {
       if(ch>='0'&&ch<='9')
          num1+=1;
       else if(ch>='A'&&ch<='Z'||ch>='a'&&ch<='z')
          num2+=1;
       scanf("%c", &ch);
    }
    printf("num1=%d num2=%d\n", num1,num2);
}
```

（1）分析程序功能，说明变量 num1、num2 的用途。

（2）运行程序，在控制台窗口输入数据 asdfg123#zxc，查看运行结果。

（3）再次运行程序，在控制台窗口输入 345qwer%ppp，查看程序是否输出结果。若程序并没有运行结束，应该怎样结束程序？

（4）如果还要统计输入空格的个数，应该如何修改程序？

5．编写一个程序，输出区间[1,1000]上的所有 8 的倍数，并求出所有偶数之和并输出。

实验 7　循环结构程序设计（二）

【实验目的】

1．掌握嵌套循环结构。
2．理解 break 和 continue 在循环结构中的作用。
3．了解设置断点的程序调试方法。

【实验内容】

1．完善程序，实现求一个数，它是 7 的倍数，并且除以 8 余 5、又除以 9 余 7。

```
#include "stdio.h"
void main()
{
    int n=7;
    while(1)
    {
      if(n%8==5&&n%9==7) 【1】;
      n=n+7;
    }
    printf("%d\n",i);
}
```

思考：如果 while 循环的条件永远为真，那么程序怎样才能结束？

2．完善程序，实现输出 1000 以内能被 3 整除且个位数为 6 的所有整数。

```
#include<stdio.h>
void main()
{
    int i,j;
    for(i=0;i<100;i++)
    {
      j=i*10+6;
      if(j%3!=0) 【1】;
      printf("%d\t",j);
    }
}
```

提示：在 for 循环语句中，并不是所有的 j 都会被输出，只有能被 3 整除的才输出。

3．输入如下程序，输出九九乘法表。

```
#include "stdio.h"
void main()
{
    int i,j;
    for(i=1;i<=9;i++)
    {
       for(j=1;j<=9;j++)
          printf("%d*%d=%d\t",i,j,i*j);
       printf("\n");
    }
}
```

（1）阅读并理解程序的流程。

（2）分析 printf("\n");语句总共被执行了多少次。可以用前面介绍过的运行至光标处按快捷键 Ctrl+F10 的方法，下面介绍一个新的调试方法——设置断点。

首先将光标移至 printf("\n");行，单击 Build MiniBar 工具栏上的 Insert/Remove Breakpoint 按钮（插入/移除断点，快捷键 F9），此行左面出现一个褐色圆点，即在此行设置了一个断点。

然后单击 Build MiniBar 工具栏上的 Go 按钮（F5），若此行前面的褐色圆点上面出现黄色箭头，表示程序已经开始执行，并且停在了设置断点的行，注意此时断点行还没有被执行。再按 F5 键，表示程序继续执行，再遇到断点时又停了下来。多次按 F5 键，随时观察控制台窗口中的输出结果，数一数按了多少次 F5 键，输出了多少个换行。

（3）若要输出如下乘法表，应该怎样修改上面的程序？

```
1*1=1
2*1=2   2*2=4
3*1=3   3*2=6   3*3=9
4*1=4   4*2=8   4*3=12  4*4=16
5*1=5   5*2=10  5*3=15  5*4=20  5*5=25
6*1=6   6*2=12  6*3=18  6*4=24  6*5=30  6*6=36
7*1=7   7*2=14  7*3=21  7*4=28  7*5=35  7*6=42  7*7=49
8*1=8   8*2=16  8*3=24  8*4=32  8*5=40  8*6=48  8*7=56  8*8=64
9*1=9   9*2=18  9*3=27  9*4=36  9*5=45  9*6=54  9*7=63  9*8=72  9*9=81
```

4．改错。要求：不修改程序结构，实现求 1!+2!+3!+4!+5!的结果。

```
#include "stdio.h"
void main()
{
    int i,j,f,sum;
```

```
    for(i=1;i<=5;i++)
    {
      f=1;
      for(j=1;j<i;j++)
        f*=j;
      sum+=f;
    }
    printf("%d\n",sum);
}
```

提示：有两处错误，结果应该是 153。可以采用单步调试的方法找出程序的错误。

5. 在所有比 1 大的整数中，除了 1 和它本身以外，不再有别的约数，这种整数叫做质数。

```
#include  "stdio.h"
void  main()
{    int x,i=2,e;
     scanf("%d",&x);
     e=x/2;
     while(i<=e)
     {   if (x%i==0) break;
      .  i++;
     }
     if(i>e) printf("yes!\n");
     else printf("no!\n");
}
```

（1）两次运行程序，分别输入 13、25，查看结果，分析程序功能。

（2）改写上面的程序，使程序能够输出区间[100,200]上的所有质数。

提示：用嵌套循环结构实现，外层循环实现 100～200 之间循环，内层循环实现判断质数。

实验 8　数组（一）

【实验目的】

1. 掌握一维数组的定义、赋值和输入/输出方法。
2. 掌握操作数组中元素的方法。
3. 掌握监测数组元素的方法。

【实验内容】

1. 输入并运行如下程序。

```
#include "stdio.h"
void main()
{
    int i,a[10];
    printf("\nplease input array a:");
    for(i=0;i<10;i++)
      scanf("%d",&a[i]);
    printf("\nthe array is:");
    for(i=9;i>=0;i--)
      printf("%4d",a[i]);
}
```

（1）阅读程序，结合程序的运行结果，分析程序的功能。

（2）单步运行程序，输入 1、2、3、4、5、6、7、8、9、10 共 10 个数据，在变量窗格的 Locals 选项卡中单击数组名 a 前的“+”号，展开即可看到所有数组元素的值，如图 2.8.1 所示。

（3）分析 a 的值是什么。

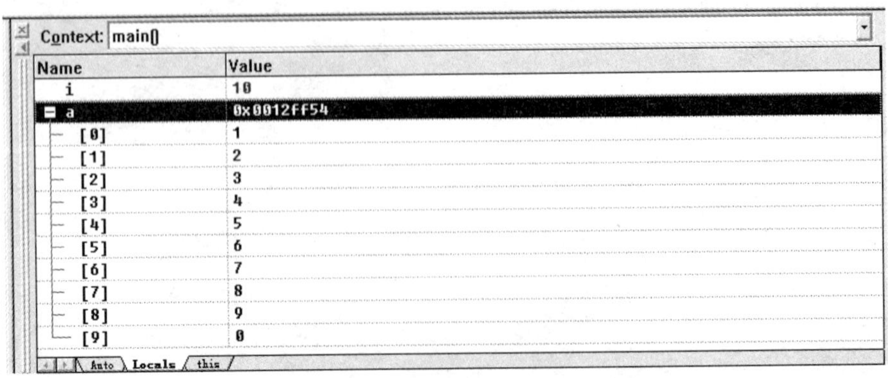

图 2.8.1　监测变量窗格

2．输入并运行如下程序。

```
#include "stdio.h"
void main()
{
    int i,a[10],sum=0;
    printf("\nplease input array a[10]:");
    for(i=0;i<10;i++)
       scanf("%d",&a[i]);
    for(i=0;i<10;i++)
       if(a[i]%2==1&&i%2==1)
       {
          sum++;
          printf("a[%d]:%4d\n",i,a[i]);
       }
    printf("sum=%d\n",sum);
}
```

（1）阅读并运行程序，输入10、13、15、21、45、58、63、77、88、99。

（2）结合程序的运行结果，分析程序的功能。

3．完善程序，将一维数组中的元素值按逆序重新存放。

```
#include "stdio.h"
void main()
{
    int a[5]={8,6,5,4,1},i,temp;
    for(i=0;i<【1】;i++)
    {
       temp=a[i];
       a[i]=a[4-i];
       【2】;
    }
    printf("The sorted numbers:\n");
    for(i=0;i<5;i++)
       printf("%4d",a[i]);
    printf("\n");
}
```

单步执行程序，同时监测数组元素值的变化。

4．输入并运行如下程序。

```
#include "stdio.h"
void main()
{
```

```
    int i, j;
    int array[10]={10,32,20,7,16,25,34,3,22,1};
    int temp;
    printf("\nThe original array is:\n");
    for(i=0; i<10; i++)
      printf("%d  ",array[i]);
/******************************/
    for(i=0; i<9; i++)
      for(j=0; j<10; j++)
        if(array[j]>array[j+1])
        {
          temp=array[j];
          array[j]=array[j+1];
          array[j+1]=temp;
        }
/******************************/
    printf("\nThe sorted array is:\n");
    for(i=0; i<10; i++)
      printf("%d  ",array[i]);
}
```

（1）阅读程序。程序的功能是用冒泡法对数组进行排序，使数组元素按从小到大的顺序排列。

（2）两行星号是注释，不参与编译和运行。两行星号之间的代码是排序的核心部分，这段代码中有一个错误导致排序结果不正确，试将其改正。

提示：array[j]有越界。

（3）改正后单步运行程序，监测数组中元素的变化情况。也可以在程序第 12 行 for(j=0; j<10; j++)处设置断点，这样每次中断都产生在 j=0 前，即下一趟排序前。每按一次 F5 键，查看最大值元素是否“沉底”，最小值元素是否“上浮”。

（4）程序中每一趟都要将两两相邻元素比较 9 次，而实际上最大元素“沉底”后，第二趟可以不再比较它，怎样修改程序可以减少比较的次数？

5．编写一个程序，实现以下功能：定义一个有 10 个元素的一维数组，在程序运行期间，输入数组中的各个元素，并将所输入的元素输出，求出数组中所有元素的平均值、最大值和最小值并输出。

实验9 数组（二）

【实验目的】

1．掌握二维数组的定义、赋值和输入/输出方法。
2．理解字符串的概念。
3．掌握字符数组的定义、赋值和输入/输出方法。
4．了解字符处理函数。

【实验内容】

1．输入并运行如下程序。

```
#include "stdio.h"
void main()
{
    char a[10];
    printf("\nplease input string a:");
    gets(a);
    printf("\nthe array a is:");
    puts(a);
}
```

（1）此程序的功能是用字符数组来存储字符串。单步运行程序，输入 hello，查看字符数组中的元素值，尤其注意 a[5]的值。理解字符串的概念。

（2）再次运行程序，输入 helloworld2008，为什么程序可能出错？

2．完善程序，利用字符串处理函数实现以下功能：

（1）从键盘上输入两个字符串。

（2）求出这两个字符串的总长度并输出。

（3）将输入的两个字符串按照由大到小的顺序连接起来并输出。

```
#include "stdio.h"
#include "string.h"
void main()
{
    char str1[80], str2[80];
    int len;
    gets(str1);
    gets(str2);
    len=【1】;
```

```
    if(strcmp(str1, str2) 【2】 )
    {
        strcat(str1,str2);
        puts(str1);
    }
    else
    {
        【3】;
        puts(str2);
    }
    printf("Len=%d\n",len);
}
```

3. 完善程序，实现找到二维数组中最大值，输出该元素值及其行号、列号。

```
#include "stdio.h"
void main()
{
    int a[2][3],i,j,max,maxi,maxj;
    for(i=0;i<2;i++)
        for(j=0;j<3;j++)
            scanf("%d", 【1】);
    max=a[0][0];
    maxi=maxj=0;
    for(i=0;i<2;i++)
        for(j=0;j<3;j++)
            if(【2】)
            {
                max=a[i][j];
                maxi=i;
                maxj=j;
            }
    printf("max:a[%d][%d]=%d\n",maxi,maxj,max);
}
```

4. 以下程序的功能是将一个方阵转置，其中有两处错误，找出错误并将其改正，不得增行或删行。转置就是行列互换，即原来第 i 行第 j 列的元素对应转置后的第 j 行第 i 列，如图 2.9.1 所示。

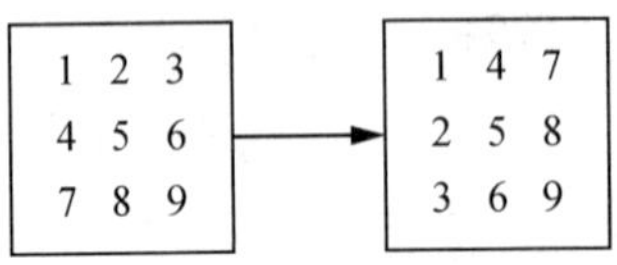

图 2.9.1　矩阵转置

```
#include "stdio.h"
void main()
{
    int i,j,a[3][ ]={1,2,3,4,5,6,7,8,9},t;
    for(i=0;i<3;i++)
        for(j=i+1;j<3;j++)
        {
            t=a[i][j];
            a[i][j]=a[j][i];
            a[j][i]= t
        }
    for(i=0;i<3;i++)
        {
            for(j=0;j<3;j++)
                printf("%4d",a[i][j]);
            printf("\n");
        }
}
```

5．有下面一个矩阵：

$$\begin{matrix} 10 & -1 & 9 & 8 \\ 11 & 14 & 7 & 2 \\ 3 & 4 & 6 & 19 \\ 4 & 2 & 7 & 13 \end{matrix}$$

编写一个程序，要求实现以下功能：

（1）分别求该矩阵的主、次对角线元素之和。

（2）求该矩阵的周边元素之和。

（3）求矩阵主对角线及其下方的元素之和。

实验 10　函数（一）

【实验目的】

1. 了解函数的基本结构，理解模块化程序设计的思想。
2. 理解函数参数的传递机制。
3. 理解函数调用的过程。
4. 掌握调试方法：子函数单步运行（F11）。

【实验内容】

1. 输入并运行如下程序。

```
#include "stdio.h"
int  function(int x , int  y)
{
    int z;
    z=x>y?x:y;
    return z;
}
void main()
{
    int  a, b, max;
    printf("\n input 2 integer numbers a,b:");
    scanf("%d,%d",&a,&b);
    max=function(a,b);
    printf("Max value is  %d\n", max);
}
```

在前面的实验中介绍了 Step Over 命令（F10），它表示运行黄色箭头所指向的一行代码时，如果代码中存在函数调用，则执行整个被调函数，并不在被调函数中单步调试。

同样是单步调试命令，Debug 工具栏上的 Step Into 命令（F11）表示运行黄色箭头所指向的一行代码，如果代码中存在函数调用，则黄色箭头进入被调函数，可以在被调用函数内继续单步调试。

当 main 函数调用库函数时，我们一般不希望单步执行库函数，这时可以使用 Step Over（F10）命令；当调用自己定义的函数时，我们往往需要进行跟踪调试，希望进入子函数内，这时可以使用 Step Into（F11）命令。

（1）按 F10 键单步运行程序，目的是避免调试 printf 函数和 scanf 函数。

（2）按 F10 键直到黄色箭头指向 max=function(a,b);所在行，按 F11 键，黄色箭头跳转到 function 函数中，继续单步调试，直到黄色箭头跳出 function 函数回到 main 函数中。

（3）当黄色箭头指向 printf("Max value is %d\n", max);所在行时，按 F10 键，避免调试 printf 函数。

（4）当箭头指向花括号“}”所在行时，查看控制台窗口中的输出结果，然后单击 Debug 工具栏上的 Stop Debugging 按钮（Shift+F5），结束调试。

（5）在运行过程中监测变量。单步调试 main 函数时，在变量窗格的 Locals 选项卡中看到的是 a、b、max 的值；单步调试 function 函数时看到的是 x、y、z 的值。此时打开变量窗格的 Context 下拉列表可以看到函数的调用顺序，主调函数 main( )在下面，被调函数 function( )在上面；当 function 函数调用结束时，Context 下拉列表中就没有 function 函数了。

2．输入并运行如下程序。

```
#include "stdio.h"
int function(int x,int y);
 void main()
{
    int  m, n,result;
    printf("\nPlease input 2 numbers m,n:");
    scanf("%d,%d",&m,&n);
    if(m>n)
       result = function(m,n);
    else
       result = function(n,m);
    printf("the result is:%d\n",result);
}
int function(int x,  int y)
{
    int z;
    z=x*10+y;
    return z;
}
```

（1）阅读程序，分析程序功能。

（2）程序第二行为函数声明语句，思考什么情况下可以省略函数声明语句。

（3）根据需要选择 F10 或者 F11 单步运行程序，通过变量窗格的 Context 下拉列表选择监测不同函数中变量的值。

3．输入并运行如下程序。

```
#include "stdio.h"
void printstar(int n)
{
    while(n--)
        printf("*");
```

```
}
void printenter()
{
    printf("\n");
}
void main()
{
    int i,num;
    scanf("%d",&num);
    for(i=1;i<=num;i++)
    {
        printstar(i);
        printenter();
    }
}
```

阅读并运行程序，结合运行结果，分析各函数的功能。

4. 编写 fun 函数，函数的功能是返回两个参数之差的绝对值。部分程序如下：

```
#include "stdio.h"
int fun(int x,int y)
{     }
void main()
{
    int  a, b, c;
    printf("\nPlease input 2 numbers a,b:");
    scanf("%d,%d",&a,&b);
    c=fun(a,b);
    printf("c=%d\n",c);  }
```

5. 编写 fun 函数，输入一个正整数 n，求出$1+\frac{1}{2}+\frac{1}{3}+\frac{1}{4}\cdots+\frac{1}{n}$。

```
#include "stdio.h"
double fun(int x)
{        }
void main()
{   double  sum;
    int n;
    scanf("%d",&n);
    sum=fun(n);
   printf("sum=%lf\n",sum);  }
```

实验 11　函数（二）

【实验目的】

1. 理解函数的嵌套调用和递归调用。
2. 了解局部变量和全局变量的作用域。
3. 了解变量的存储类型。

【实验内容】

1. 输入并运行如下程序。

```
#include "stdio.h"
int fun2(int a,int b)
{
    int c;
    c=a*b%3;
    return c;
}
int fun1(int a,int b)
{
    int c;
    a+=a;
    b+=b;
    c=fun2(a,b);
    return c*c;
}
void main()
{
    int a=11,b=19;
    printf("%d\n",fun1(a,b));
}
```

（1）阅读程序，说明各函数中同名变量的差别。

（2）单步运行程序，观察变量窗格的 Context 下拉列表中的内容和变量的值，说明程序中出现的变量的作用范围。

（3）思考：是否可以将 fun2 函数定义放在 fun1 函数定义的后面？

2. 输入并运行如下程序。

```
#include "stdio.h"
char x='A';
```

```
void fun1(char  x )
{
    printf("\n 3. x=%c", x);
    x='C';
    printf("\n 4. x=%c", x);
}
void fun2()
{
    printf("\n 5. x=%c\n ", x);
}
void main()
{
    char  x;
    x='B';
    printf("\n 1. x=%c", x);
    fun1(x);
    printf("\n 2. x=%c", x);
    fun2();
}
```

（1）运行程序，分析程序功能。

（2）单步执行程序，在变量窗格的 Context 下拉列表中选择监测不同函数中的局部变量。如要监测全局变量，需要在 Debug 工具栏上单击 Watch 按钮（Alt+3），在打开的 Watch 窗格中添加::x。

（3）查看运行结果，理解全局变量的作用域，指出结果中输出的各行信息都是由程序中哪些函数运行得到的。

3．输入并运行如下程序。

```
#include "stdio.h"
int fun()
{
    static int x=1;
    x++;
    return x;
}
main()
{
    int  x=0,i;
    for(i=0;i<3;i++)
        x+=fun();
    printf("x=%d\n",x);
}
```

运行程序，分析结果。理解静态局部变量的作用域和生存期。

注意：Microsoft Visual C++ 6.0 在 Windows XP 下不能监测静态局部变量。

4．输入并运行如下程序。

```
#include "stdio.h"
int fun(int n)
  {
    int t;
    if((n==0)||(n==1)) t=3;
    else  t=n*fun(n-1);
    return t;
}
void main()
{
    printf("%5d\n",fun(5));
}
```

（1）运行程序，分析结果。

（2）单步调试程序。单击 Debug 工具栏上的 Call Stack 按钮，打开 Call Stack（调用堆栈）窗格，查看 fun 函数的调用过程。注意不同 fun 函数中的 n 值不同，理解递归调用的思想。

（3）若改为求 5!，应该如何修改程序。

5．猴子吃桃问题。猴子第一天摘下若干桃子，当即吃掉一半，还不过瘾，又多吃了一个。以后每天都吃前一天剩下的一半加一个。到第十天只剩下 1 个桃子了。编写一个 tao 函数，求第一天共摘了多少个桃子，并输出每天剩下的桃子数。要求用递归来完成，递归公式如下：

$$tao(n)=\begin{cases}1 & (n=10)\\ 2*(tao(n+1)+1) & (0<n<10)\end{cases}$$

```
#include "stdio.h"
int tao(int n)
{          }
void main()
{
    tao(1);
}
```

实验 12　指针（一）

【实验目的】

1．理解指针的概念，能正确定义和使用指针变量。
2．理解指向数组的指针，熟练使用指针访问数组元素。
3．理解指向字符串的指针，熟练使用指针访问字符串。

【实验内容】

1．输入并运行如下程序。

```
#include "stdio.h"
void main()
{    int a,b;
     int *p1,*p2;
     p1=&a;
     p2=&b;
     printf("\nPlease input a,b:");
     scanf("%d,%d",&a,&b);
     printf("a=%d,b=%d\n",a,b);
     printf("p1:%d,p2:%d\n",*p1,*p2);
     (*p1)++;
     (*p2)++;
     printf("a=%d,b=%d\n",a,b);
}
```

（1）阅读程序，分析程序功能。
（2）单步运行程序，分别监视&a、&b、*p1、*p2 和 p1、p2、a、b 的值。

注意：在 Debug 工具栏上单击 Watch 按钮，在 Watch 窗格中可以输入任意表达式。

（3）若监测变量或表达式前面有"+"号，代表这是一个地址值，单击"+"号即可看到该地址中存储的数值。
（4）查看程序运行的最终结果，指出 a 和 b 的值是如何变化的。
2．输入并运行如下程序。

```
#include "stdio.h"
void main()
{    int i,a[10];
     int *p;
```

```
    printf("Please input array a:\n");
    p=&a[0];
    for(i=0;i<10;i++)
    {
        scanf("%d",p+i);
    }
    printf("\nThe array is:");
    p=a;
    for(i=0;i<10;i++)
    {
        printf("%4d",*p);
        p++;
    }
}
```

（1）阅读并运行程序，分析程序的功能。

（2）p=&a[0];与 p=a;的功能是否相同，是什么功能？

（3）如果不写第 12 行 p=a;，程序能得到正确的结果吗，为什么？

（4）试将程序最后两条语句 printf("%4d",*p);和 p++;合为一条语句。

3．输入并运行如下程序。

```
#include "stdio.h"
void main()
{   int a[10]={12,54,345,87,-23,0,35,24,76,987},max;
    int *p,*q;
    max=a[0];
    p=a;
    q=a+10;
    while(p<q)
    {
        if(*p>max) max=*p;
        p++;
    }
    printf("max=%4d\n",max);
}
```

阅读和运行程序，分析程序的功能。

4．完善程序，程序的功能是将一维数组中的元素值按逆序重新存放。

```
#include "stdio.h"
void main()
{   int a[7]={8,7,6,5,4,3,1},i,temp,*p,*q;
    p=&a[0];
```

```
        q=&a[6];
        for( ;p<q;p++, 【1】)
        {   【2】;
            *p=*q;
            *q=temp;
        }
        printf("The sorted numbers:\n");
        for(i=0;i<7;i++)
            printf("%4d", 【3】);
        printf("\n");
    }
```

提示：程序中将 a[0]与 a[6]交换，a[1]与 a[5]交换，a[2]与 a[4]交换，要交换的两个元素分别用指针 p 和 q 指向。

5. 输入并运行如下程序。

```
#include "stdio.h"
void main()
{   char  str[20],*p;
    p=str;
    scanf("%s", p);
    printf("\nstring=%s\n ", p);
}
```

（1）运行程序，输入 Cprogram，查看输出结果。

（2）再次运行程序，输入 C program，查看输出结果。比较两次输出结果，指出为什么两次的结果不同。

（3）将程序第六行 scanf("%s", p);改成 gets(p);，分别两次运行程序，分别输入 Cprogram 和 C program，比较两次输出结果，指出这两次结果和上面两次结果的区别，并分析原因。

6. 完善程序，程序的功能是删除字符串中的所有空格。

```
#include "stdio.h"
void main()
{   char str[80],*p;
    int i = 0 ;
    p=str;
    【1】;
    while(*p)
    {   if(*p!= ' ')
            str[i++] = *p ;
        p++ ;
    }
    【2】;
    puts(str);   }
```

实验 13　指针（二）

【实验目的】

1．掌握指针变量作为函数参数，进行地址值的传递机制。
2．了解指针数组的定义和使用方法。

【实验内容】

1．输入并运行如下程序。

```
#include "stdio.h"
void fun(int *x ,int *y)
{   int t;
    t=*x;
    *x=*y;
    *y=t;
}
void main()
{   int a,b;
    int *p1,*p2;
    p1=&a;
    p2=&b;
    printf("\nPlease input a,b:");
    scanf("%d,%d",&a,&b);
    printf("a=%d,b=%d\n",a,b);
    fun(p1,p2);
    printf("Now a=%d,b=%d\n",a,b);
}
```

阅读并运行程序，说明 main 函数中的变量 a 和 b 的值是怎样改变的。

2．输入并运行如下程序。

```
#include "stdio.h"
int length(char *p)
{
    int n=0;
    while(*p!= '\0')
    {   n++;
        p++;
    }
```

```
    return n;
}
void main()
{
    int len;
    char s[80];
    printf("Input String:");
    gets(s);
    len=length(s);
    printf("Length=%d\n",len);
}
```

运行程序，输入 beijing 2008 welcome，分析程序的功能。

3. 输入并运行如下程序。

```
#include "stdio.h"
void fun(int *s,int t,int *k)
{
    int i;
    *k=0;
    for(i=0;i<t;i++)
    {
        if(s[*k]<s[i])
            *k=i;
    }
}
void main( )
{
    int a[10]={87,75,96,62,55,98,70,45,89,77},k;
    fun(a,10,&k);
    printf("a[%d]=%d\n",k,a[k]);
}
```

（1）阅读并运行程序，分析程序的功能。

（2）理解函数实参与形参之间的“传值”和“传址”两种方式，说明 fun 函数的 3 个形参都获得了怎样的值。

4. 完善程序，程序的功能是实现两个字符串的连接，不使用库函数 strcat( )，把 str2 中存储的字符串连接到 str1 中存储的字符串后面，生成新的字符串，然后在 main 函数中输出。

```
#include "stdio.h"
void cat(char *p1,char *p2)
{
    char *p=p1;
```

```
        while(*p)  【1】;
        while(*p2)  *p++=*p2++;
        【2】;
    }
    void main()
    {
        char str1[200],str2[200];
        gets(str1);
        gets(str2);
        cat(str1,str2);
        puts(str1);
    }
```

5. 完善程序，程序的功能是求ss所指字符串数组中长度最短的字符串所在行的下标，作为函数值返回，并把其长度放在形参n所指变量中。

```
#include "string.h"
#include "stdio.h"
int fun(char (*ss)[20], int  *n)
{
    int  i, k=0, len=20;
    for(i=0; i<【1】; i++)
    {   len=strlen(ss[i]);
        if(i==0)  *n=len;
        if(len  【2】 *n)
        {   *n=len;
            k=i;
        }
    }
    return(【3】);
}
void main()
{   char ss[5][20]={"shanghai","guangzhou","beijing","tianjin","chongqing "};
    int  n,k,i;
    printf("\nThe original strings are :\n");
    for(i=0;i<5;i++) puts(ss[i]);
    k=fun(ss,&n);
    printf("\nThe length of shortest string is :  %d\n",n);
    printf("\nThe shortest string is :  %s\n",ss[k]);
}
```

实验14　预　编　译

【实验目的】

1. 掌握无参宏和有参宏的定义方法。
2. 理解宏展开的原理。

【实验内容】

1. 输入并运行如下程序。

```
#include "stdio.h"
#define N 5
void main()
{
    int a[N],i;
    for(i=0;i<N;i++)
        a[i]=i+1;
    for(i=0;i<N;i++)
        printf("%3d\n",a[i]);
}
```

（1）阅读程序，分析程序的运行结果。
（2）假设此题要将一维数组长度改为20，最快的修改程序方法是什么？

2. 输入并运行如下程序。

```
#include  "stdio.h"
#define M 3
#define N M+2
#define CX N*N/2
void main()
{
    int num;
    num=CX;
    printf("\n1.num=%d",num);
    num=4*CX;
    printf("\n2.num=%d",num);
}
```

（1）阅读程序，分析程序的运行结果。
（2）运行并查看程序的运行结果，和你的分析结果进行对比。

3．输入并运行如下程序。

```
#include "stdio.h"
#define  max(x,y)  (x)>(y)?(x):(y)
void main()
{
    int m=13,n=24;
    printf("\n Max value is:%d", max(m,n));
}
```

运行程序，指出宏在这个程序中所起的作用。

4．输入并运行如下程序。

```
#include "stdio.h"
#define  mac(x,y)  x*y
void main( )
{
    int num1=13,num2=8;
    int num3=5,num4=9,x;
    x=mac(num1-num2,num3+num4);
    printf("\nThe result is:%d", x);
}
```

（1）阅读程序，分析程序的运行结果。

（2）运行并查看程序的运行结果，和你的分析结果进行对比。

5．编写一个程序，实现以下功能：

（1）定义一个带参数的宏，将两个参数的值互换。

（2）在 main 函数中利用定义的宏将两个变量的值互换并输出。

实验 15　结构体与共用体

【实验目的】

1．掌握结构体类型变量的定义和使用。
2．掌握结构体类型数组的定义和使用。
3．了解共用体类型变量的定义和使用。

【实验内容】

1．输入并运行如下程序。

```
#include "stdio.h"
struct
{   int a;
    char s[8];
    int *p;
}x;
union
{   double a;
    int b;
    char c;
}m;
void main()
{
    printf("%d\n",sizeof(x));
    printf("%d\n",sizeof(m));
}
```

（1）阅读程序，分析程序的运行结果。

注意：C 语言并没有统一规定各类数据的精度、数值范围、所占存储空间，由编译系统自行安排。在 32 位机的 Microsoft Visual C++ 6.0 系统中，整型数据占 4 字节。

（2）结构体变量所占内存容量是它的各个成员所占内存容量之和，共用体所占内存容量等于它最长的成员长度。运行程序并查看运行结果。

2．输入并运行如下程序。

```
#include "stdio.h"
struct abc
{int a,b,c;}
void main()
```

```
{
    struct abc s[2]={{1,2,3},{4,5,6}};
    int t;
    t = s[0].a + s[0].c + s[1].b;
    printf("\nt=%d",t);
}
```

（1）阅读程序，分析程序的运行结果。

（2）单步运行程序，在变量窗格中查看结构体数组变量 s，和分析结果进行对比。

3．输入并运行如下程序。

```
#include "stdio.h"
union myun
{
    struct
    { int x,y,z;}s;
    int k;
}u;
void main()
{
    u.s.x=4;
    u.s.y=5;
    u.s.z=6;
    u.k=0;
    printf("%d\n",u.s.x);
}
```

（1）阅读程序，分析程序的运行结果。

（2）单步执行程序，打开 Watch 窗格，添加监测变量 u，查看 u 的变化。

4．阅读并运行程序，结合程序的运行结果分析程序的功能。

```
#include "stdio.h"
struct stu_type
{
    char  name[8];
    int  age;
    float  score;
};
struct  stu_type student;
void main()
{
    printf("\n input  student'name:\n ");
    scanf("%s", student.name);
    printf("\n input  student'age and score:\n");
```

```
    scanf("%d%f", &student.age,&student.score);
    printf("\n%s %d  %.1f\n", student.name,student.age,student.score);
}
```

5. 完善程序。学生的记录由学号和成绩组成，N 名学生的数据已在 main 函数中放入结构体数组 s 中。fun 函数的功能是把分数最高的学生数据放在 h 所指的数组中。

注意：分数最高的学生可能不止一个，函数返回分数最高的学生的人数。

```
#include "stdio.h"
#define  N  16
struct stu
{   char  num[10];
    int   s; };
int  fun( stu  *a,  stu  *b )
{
    int i, j=0, max=a[0].s ;
    for(i=0 ; i<N; i++)
    {
        if(【1】)
        {
            j=0 ; 【2】 ; max=a[i].s ;
        }
        else if(max==a[i].s)
        b[j++]=a[i] ;
    }
    【3】;
}
void main()
{
    struct stu  s[N]={{"GA05",85},{"GA03",76},{"GA02",69},{"GA04",85},
        {"GA01",91},{"GA07",72},{"GA08",64},{"GA06", 87},{"GA015",85},
        {"GA013",91},{"GA012",64},{"GA014",91},{"GA011",77},{"GA017",64},
        {"GA018",64},{"GA016",72}};
    stu  h[N];
    int  i, n;
    n=fun ( s, h );
    printf("The  %d  highest  score:\n", n);
    for(i=0; i<n;  i++)
    printf("%s  %4d\n", h[i]. num, h[i]. s);
    printf("\n");
}
```

实验16 位 运 算

【实验目的】

1．掌握按位运算的概念和方法，学会使用位运算符。

2．了解通过位运算实现对某些位的操作。

【实验内容】

1．输入并运行如下程序。

```
#include "stdio.h"
void main()
{
    unsigned char a,b,c;
    a=7^3;
    b=~4&3;
    c=4|3;
    printf("%d,%d,%d\n",a,b,c);
}
```

阅读程序，分析程序的运行结果并验证。

2．输入并运行如下程序。

```
#include "stdio.h"
void main()
{
    unsigned int a,b,c;
    b=16;
    scanf("%d",&a);
    c=a&b;
    if(c==16)
        printf("Yes\n");
    else
        printf("No\n");
}
```

（1）运行程序，分析程序的功能。

（2）运行两次程序，分别输入24和33，分析运行结果。

（3）假设要测试一个数的第三位是否为1，程序应该如何修改。

3．输入如下程序，检查一下你所用的计算机系统的 C 语言编译环境在执行右移运算时是按照逻辑右移的原则还是按照算术右移的原则。

```
#include "stdio.h"
void main()
{
    short int a,n;
    a=~0;
    n=a>>2;
    if(n!=a)
        printf("Logical move!\n");
    else
        printf("Arithmetic move!\n");
}
```

提示：用 16 位表示的二进制数，如 1111111111111111，将它右移两位。如果是逻辑右移，结果为 0011111111111111；如果是算术右移，结果是 1111111111111111。因此若运行语句 a>>2 之后仍等于 a 则是算术右移，若不等于则是逻辑右移。

4．输入并运行如下程序。

```
#include "stdio.h"
void main()
{
    char a=047;
    printf("%d,%d,%d\n",a,a<<1,a*2);
    printf("%d,%d,%d\n",a,a>>1,a/2);
}
```

分析程序运行结果，说明左移运算和右移运算相当于什么功能。

5．编写一个程序，实现以下功能：

（1）从键盘上输入一个整数。

（2）保留该整数从右边开始的第 2～4 位，将此数输出。

实验 17　文　　件

【实验目的】

1. 理解文件、文件缓冲系统、文件指针的概念。
2. 掌握文件打开、关闭、读、写等操作函数。
3. 了解使用缓冲文件系统对文件进行基本操作的方法。

【实验内容】

1. 输入并运行如下程序。

```
#include "stdio.h"
int main()
{
    FILE *fp;
    char ch,filename[10];
    printf("\nPlease input filename:");
    scanf("%s",filename);
    if((fp=fopen(filename,"w+"))==NULL)
      {     printf("can not open file\n");
            return 0;
      }
    getchar();
    while((ch=getchar())!='#')
        fputc(ch,fp);
    printf("All characters inputed now write to file:%s\n",filename);
    rewind(fp);                    /* 文件位置指针回到文件开头 */
    while((ch=fgetc(fp))!=EOF)
        printf("%c",ch);
    fclose(fp);
    printf("\nPlease check it yourself!\n");
    return 0;
}
```

（1）阅读程序，分析程序的功能。
（2）执行程序，首先输入一个文件名 file.txt，接着输入若干字符，直到输入“#”为止。
（3）在源文件所在目录下找到输出文件 file.txt，查看其内容。

2. 输入并运行如下程序。

```
#include "stdio.h"
```

```
void main()
{
    FILE *pf;
    char *s1="China",*s2="Beijing",s[30];
    pf=fopen("abc.dat","wb+");
    fwrite(s2,7,1,pf);
    rewind(pf);                          /* 文件位置指针回到文件开头 */
    fwrite(s1,1,5,pf);
    fseek(pf,0,SEEK_SET);                /* 文件位置指针回到文件开头 */
    fscanf(pf,"%s",s);
    printf("%s\n",s);
    fclose(pf);
}
```

（1）阅读程序，理解文件操作函数的功能。

（2）执行程序，查看运行结果。找到 abc.dat 文件，用记事本查看其内容。

3．输入并运行如下程序。

```
#include "stdio.h"
struct STU
{
    char id[6];
    float score;
};
struct STU s[3]={{"13001",87},{"13002",96},{"13003",80}};
int main()
{
    FILE *fp;
    int i;
    if((fp=fopen("student.txt","w"))==NULL)
    {
        printf("can not open file\n");
        return 0;
    }
    for(i=0;i<3;i++)
        if(fwrite(&s[i],sizeof(struct STU),1,fp)==-1)
            printf("can not write file\n");
    rewind(fp);
    for(i=0;i<3;i++)
        if(fread(&s[i],sizeof(struct STU),1,fp)!=-1)
            printf("%s  %f\n",s[i].id,s[i].score);
    fclose(fp);
    return 0;
}
```

阅读并运行程序，分析程序的功能。

4．完善程序。fun 函数将指定源文件中的内容复制到指定的目标文件中，复制成功时函数返回值为 1，失败时函数返回值为 0。在复制的过程中，把复制的内容输出到终端。main 函数中源文件名放在 sfname 变量中，目标文件名放在 tfname 变量中。

```
#include "stdio.h"
#include "stdlib.h"
int fun(char *source, char *target)
{
    FILE *fs,*ft; char ch;
    if((fs=fopen(source, 【1】))==NULL)
        return 0;
    if((ft=fopen(target, "w"))==NULL)
        return 0;
    printf("\nThe data in file :\n");
    ch=fgetc(fs);
    while(!feof(【2】))
    {
        putchar( ch );
        fputc(ch, 【3】);
        ch=fgetc(fs);
    }
    fclose(fs);
    fclose(ft);
    printf("\n\n");
    return 1;
}
void main()
{
    char sfname[20] ="myfile1",tfname[20]="myfile2";
    FILE *myf; int i; char c;
    myf=fopen(sfname,"w");
    printf("\nThe original data :\n");
    for(i=1; i<30; i++)
    {
        c='A'+rand()%25;
        fprintf(myf,"%c",c);
        printf("%c",c);
    }
    fclose(myf);
    printf("\n\n");
    if(fun(sfname, tfname))
```

```
        printf("Succeed!");
    else
        printf("Fail!");
}
```

5. 有如下 4 个学生信息：

Name	Age	Math	English
WangMing	27	98	76
Liuli	31	82	81
YuBing	19	78	90
FengYing	23	48	92

编写一个程序，实现以下功能：

（1）定义一个结构体类型，包含上述 4 个成员。

（2）从键盘输入 4 个学生的信息。

（3）将输入的信息保存到磁盘的一个文件中。

参考文献

匡松，吴卫华．2009．C语言程序设计试题汇编．北京：中国铁道出版社．

刘克成．2007．C语言程序设计．北京：中国铁道出版社．

孙辉，吴润秀．2007．C语言程序设计．北京：中国铁道出版社．

谭浩强．1999．C程序设计．北京：清华大学出版社．

王曙燕．2010．C语言程序设计习题与实验指导．北京：科学出版社．

王静．2008．C语言程序设计基础习题集．北京：中国水利水电出版社．

王桂平，冯睿，王衍．2010．程序设计方法及在线实践指导：学习指导与习题解析．杭州：浙江大学出版社．